"十四五"职业教育国家规划教材

职业教育电

+ **DIANPU** YUNYING

店铺运营

（第二版）

主　编　李　娟　卢　英

副主编　熊传红　陈万君　陈良华

参　编（排名不分先后）

吴万明　邱旭东　岑远红

杜　建　张晓丽　谢俊琍

周朝强　李丹阳　吴　丹

邝华敏　罗　颖　刘兴莲

李　科

重庆大学出版社

图书在版编目（CIP）数据

店铺运营/李娟，卢英主编. -- 2版. -- 重庆：
重庆大学出版社，2021.11（2024.8重印）
职业教育电子商务专业新形态教材
ISBN 978-7-5689-0643-2

Ⅰ.①店… Ⅱ.①李…②卢… Ⅲ.①网店—运营管
理—职业教育—教材 Ⅳ.①F713.365.2

中国版本图书馆CIP数据核字（2021）第171926号

职业教育电子商务专业新形态教材

店铺运营
（第二版）

主　编　李　娟　卢　英

副主编　熊传红　陈万君　陈良华

责任编辑：陈一柳　　版式设计：尹　恒

责任校对：刘志刚　　责任印制：赵　晟

*

重庆大学出版社出版发行

出版人：陈晓阳

社址：重庆市沙坪坝区大学城西路21号

邮编：401331

电话：（023）88617190　88617185（中小学）

传真：（023）88617186　88617166

网址：http://www.cqup.com.cn

邮箱：fxk@cqup.com.cn（营销中心）

全国新华书店经销

重庆升光电力印务有限公司印刷

*

开本：787mm×1092mm　1/16　印张：12.5　字数：306千

2018年4月第1版　2021年11月第2版　2024年8月第4次印刷

ISBN 978-7-5689-0643-2　定价：49.00元

本书如有印刷、装订等质量问题，本社负责调换

版权所有，请勿擅自翻印和用本书

制作各类出版物及配套用书，违者必究

前言

随着互联网的兴起,电子商务渐渐成为很重要的消费方式,越来越多的商家看到了这一商机,选择在网上运营店铺。学会运营网店是网店掌柜的一项基本功。

《网店运营》是一本以开设"渝记食品公司"并运营网上店铺为主题,以"小林"学习店铺运营方法为主线的书。本书以情景教学和问题导向教学法为理论依据,按"项目—任务—活动"的流程组织教学内容,具有情景化、项目化的特点。

《网店运营》共8个项目,主要内容包括开店准备、分析数据、创建店铺、优化店铺流量、免费推广、付费推广、客户针对性营销、淘宝直播。整个学习过程按照店铺的运营流程进行创设,学完该门课程,读者将学会运营一个网上店铺。在课程中,除了训练学生们店铺运营技能外,还通过阅读有益、快乐成长等形式,拓展他们的理论知识和法律法规知识。

本书有以下一些特色。

1.内容包含网店运营"1+X"考试内容

本书大纲与网店运营"1+X"考试大纲紧密结合,读者完成本书内容的学习后即可参加网店运营技能鉴定考试,与技能鉴定考试内容结合紧密。

2.理论依据明确

以情景教学和问题导向教学法为理论依据,具有情景化、问题驱动的特点。本书创设了小林学习"渝记食品公司"网上店铺运营的情景,以便引起读者的情感体验,从而提高学习效果。通过设计有针对性、层次性的问题,引导读者基于问题主动学习。

3.内容落地

整本书是一个以真实店铺的开设及运营为主题的完整案例,读者读完本书将能解决店铺运营中的实际问题,实用性强。

4.内容项目化

采用"项目—任务—活动"的方式组织书中内容,按照店铺运营的流程分成8个子项目,24个任务,任务驱动性强。读者通过参与具体的活动,完成相应的任务,学习各个项目,最后掌握店铺运营的技能。

5.内容详尽、与时俱进

本书脉络清晰,配合详尽的步骤图,一目了然,清楚易学,并且书中内容与时俱进,具有先进性,如淘宝更新了网上开店的方法、会员关系管理的平台等,本书也对相关内容进行了同步更新。

6.教学要求明确

本书每一个项目具有"项目概述、项目目标",每一项任务具有"任务描述、任务实施",提出了具体的知识和技能要求,并采用流程图的方式展示操作流程,让读者更加直观地了解每一个项目、每一项任务的内容和要求。

7.实践性强

本书将理论融于操作,突出实践在课程中的主体地位,有别于单纯理论入手的传统店铺运营教材,实践性强。

8.企业专家指导

引入企业专家指导编写,审核本书内容,让其符合行业企业标准,更加专业。读者学完本书,将能独立运营店铺。

9.配套资源丰富

本书配套有教案、PPT课件、微课等教学资源,便于学习和借鉴。

本书各项目内栏目的构成及功能如下:

【项目概述】概要简述本项目的编写理由、内容和任务。

【项目目标】采用要点式表述,明确学习者的学习目标。

【任务描述】描述任务中各活动的要点,有助于读者完成任务。

【任务实施】采用流程图的方式,介绍任务的操作流程。

【项目小结】总结项目的全过程,说明在完成项目过程中的注意事项。

【项目评价】以知识点评分的方式,评价各项目的完成情况。

【项目检测】采用练习题的方式,在课后进行拓展训练,检测学习效果。

【阅读有益】与本书中所介绍的内容具有相关性的拓展阅读知识。

【友情提示】善意提醒读者在阅读时需注意的地方。

【快乐成长】在完成项目时,需遵守的法律法规及道德规范。

本书由重庆市九龙坡职业教育中心李娟、卢英老师担任主编,重庆市九龙坡职业教育中心熊传红、陈万君、陈良华老师担任副主编,参与编写的老师们有:重庆市九龙坡职业教育中心吴万明、邱旭东、岑远红、周朝强、罗颖,珠海市理工职业技术学校杜建,浙江省金华市第一职校张晓丽,浙江省永康市职业技术学校谢俊珂,重庆三峡水利电力学校李丹阳,重庆市旅游学校吴丹,海南省农业学校邝华敏,重庆渝记椒派食品有限公司刘兴莲,重庆渝猫科技有限公司李科。本书得到重庆本酷科技发展有限公司、重庆泳洲科技发展有限公司、重庆翰渝科技(集团)有限公司、杭州赛群网络科技有限公司、义乌丹源科技发展有限公司、义乌金耀电子商务有限公司、重庆乐商途网路科技有限公司、重庆市小青草电子商务有限公司的领导和技术骨干的大力支持。这些企业对项目内容的选用提出了重要的建议,保证教材内容的科学性和适用性。本书还得到了重庆市职业教育学会电子商务专业委员会、重庆市电子商务协会社会学术团体的支持。全书由李娟老师统稿。

由于作者水平有限,本书肯定会有不足之处,热切期望得到专家和读者的批评指正。

编　者

2021年7月

DIANPU YUNYING

MULU

目录

项目一
开店准备

小林是电子商务专业的一名学生，他学习了部分电子商务知识后，决定开设一家网店。在开网店之前，他要先做好前期的准备工作，充分了解电子商务平台（简称电商平台）并熟悉与电子商务相关的法律。在本项目中，我们将初识国内、国际主要的电商平台，了解《中华人民共和国电子商务法》及电商平台的相关规定。

【项目目标】

知识目标

了解国内、国际的主流电商平台；

熟悉国内部分电商平台的加入条件、加入流程；

熟悉《中华人民共和国电子商务法》的条款；

熟悉电商平台的运营规则。

技能目标

能根据所持有的资质及销售的商品选择入驻的电商平台；

能分析《中华人民共和国电子商务法》及电商平台的运营规则，合法开展网店运营。

思政目标

在学习过程中培养学生树立正确的"三观"；

在学习过程中培养学生的学法、守法、用法意识。

[任务一]

初识电商平台

◆ **任务描述**

    小林在淘宝网、京东商城、拼多多、速卖通、亚马逊等诸多电商平台都购买过商品。据他了解，这些电商平台中有些是国内电商平台，有些是国际电商平台，它们都具有注册用户多、销售货品全、销售数额高且知名度高的特点，是很多企业及个人网上开店的优选平台。对此，小林认为，要在网上开店，需先对这些电商平台进行了解、学习。学习本任务后，你将了解部分电商平台的特点及开店条件。

◆ **任务实施**

    了解电商平台，可先了解电商平台的分类，如图1-1-1所示。

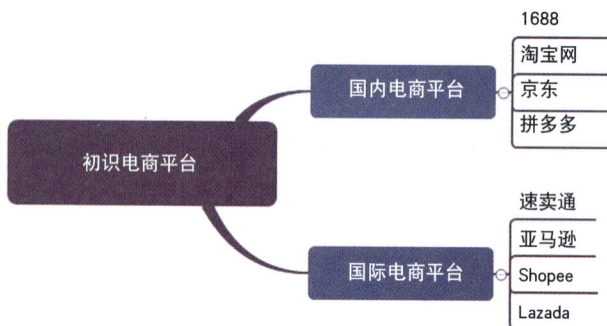

图1-1-1　电商平台分类图

活动一　了解国内电商平台

    电子商务的发展经过起步、增长、发展、成熟几个时期后，完全融入了人们生活的方方面面。如今电子商务正朝着智能化、延展化、规范化、分工化的趋势发展。目前，国内主要的电商平台有淘宝网、京东商城、拼多多、1688采购平台等。

    1.了解淘宝网

    淘宝网是亚太地区较大的网络零售商圈，是由阿里巴巴集团在2003年5月创立。淘宝网是在中国深受欢迎的网购零售平台，截至2019年9月，它拥有超7.5亿的注册用户数。随着淘宝网规模的扩大和用户数量的增加，淘宝网从单一的C2C网络集市变成了包括C2C、团购、分销、拍卖等多种电子商务模式在内的综合性零售商圈，已经成为世界范围内主要电子商务交易平台之一。目前，淘宝网首页内容有天猫、聚划算、天猫超市、淘抢购、电器城等内容板块，如图1-1-2所示。

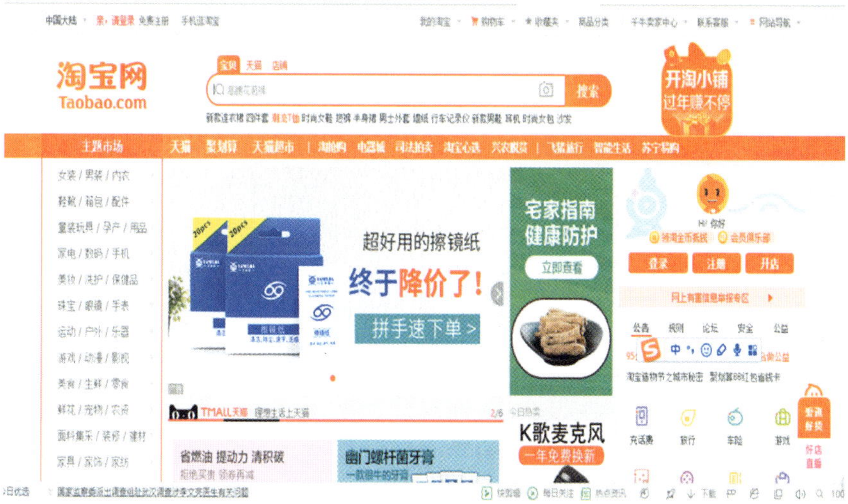

图1-1-2　某综合类电商平台首页

做一做

请上网查一查，成为淘宝平台卖家、天猫平台卖家需要哪些资质条件，并写在下面的横线上。

_____

_____

_____

_____

2.了解京东商城

1998年6月18日，京东公司成立。目前，京东集团旗下有京东商城、京东金融、京东物流、拍拍网、京东智能、O2O及海外事业部等业务项目。其网站首页如图1-1-3所示。

图1-1-3　某B2C电商网站首页

🔍 **做一做**

入驻京东商城的要求较为严苛，请上网查一查，入驻京东商城需要具有哪些资质，并写在下面的横线上。

_____

_____

_____

3.了解拼多多

拼多多成立于2015年9月，是国内主流的手机购物App，是专注于C2M拼团的第三方社交电商平台。在拼多多里，用户通过发起和朋友、家人、邻居等的拼团，可以以更低的价格拼团购买优质商品。通过沟通分享形成的社交理念，形成了拼多多独特的新社交电商思维。

🔍 **做一做**

拼多多电商平台允许企业和个人入驻，请上网查一查，企业和个人申请拼多多店铺需要具备哪些资质，并写在下面的横线上。

_____

_____

_____

_____

4.认识1688采购平台

1688采购平台创建于1999年，以批发和采购业务为核心，通过专业化运营，完善客户体验，为企业提供原料采购、生产加工、现货批发等一系列的供应服务，是众多淘宝、拼多多中间商卖家的首选拿货之地。其官网首页展示如图1-1-4所示。

图1-1-4 某企业服务类电商平台首页

1688平台是为企业服务的电商平台，只允许商家入驻，凡符合入驻标准，均可经过以下流程申请入驻平台，如图1-1-5所示。

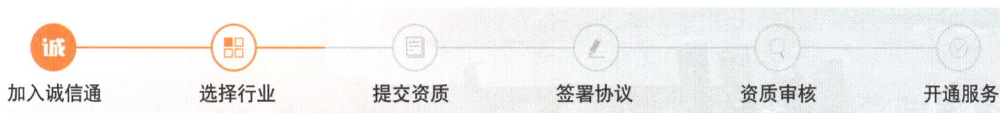

图 1-1-5　某采购电商平台入驻流程图

🔍 做一做

进入1688官网，申请成为会员。选择一种你要采购的货品，对比不同供货商的货品描述、发货、回头率等内容，选择供货商，并说明选择它的原因。

_____

_____

_____

_____

活动二　了解国际电商平台

1995年，亚马逊和易贝在美国成立。此后，这种以互联网为依托进行商品服务和交易的新兴经济迅速普及全球。新一轮科技革命和产业革命交汇孕育的电子商务，极大地提高了经济运行的质量和效率，改变了人类的生产生活方式，促进了国际电子商务活动的交流。目前，国际主流的电商平台有速卖通、亚马逊、shopee、Lazada等。

1.了解速卖通

全球速卖通（英文名：AliExpress）于2010年4月正式上线，是阿里巴巴旗下唯一面向全球市场打造的在线交易平台，被广大卖家称为"国际版淘宝"。全球速卖通面向海外买家，通过支付宝国际账户进行担保交易，并使用国际快递发货。它是全球三大英文在线购物平台之一，其官网首页如图1-1-6所示。

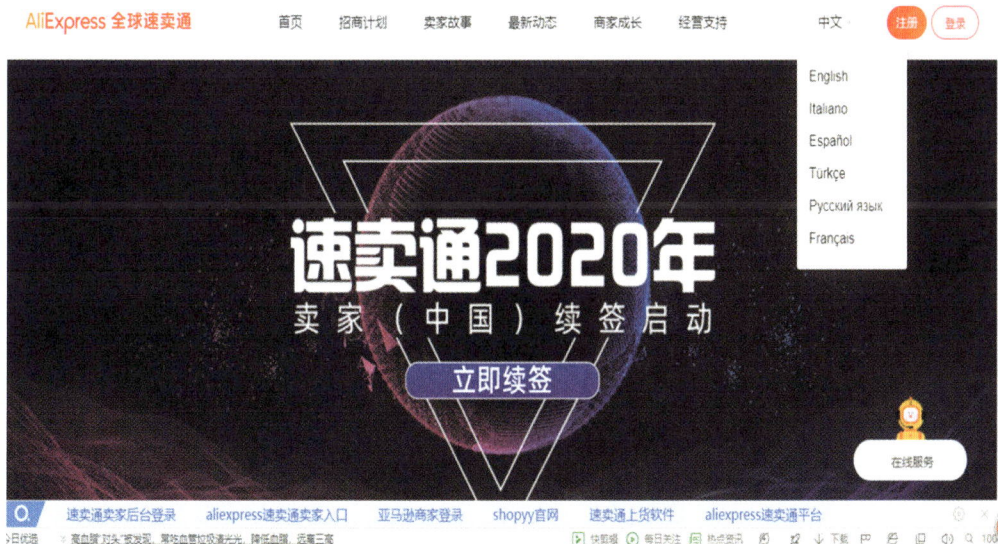

图1-1-6　某英文在线购物网站首页

全球速卖通是阿里巴巴帮助中小企业接触终端批发零售商，小批量多批次快速销售，拓展利润空间而全力打造的融合订单、支付、物流于一体的外贸在线交易平台，支持中文、英语、意大利语、俄语等多种语言进行沟通交流。

目前，在速卖通上开店较为便捷，只需登录全球速卖通官网，找到招商计划栏中的开店全指南项，即可按照其流程一步一步准备、完善好开店内容，如图1-1-7所示。

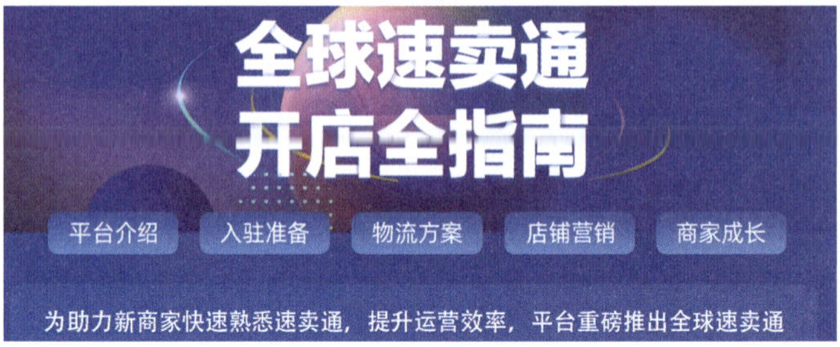

图1-1-7　某英文在线购物网站开店指南

做一做

请上网查一查，要开设一个全球速卖通店铺，需要哪些资质，并写在下面的横线上。

_____

_____

2.了解亚马逊

亚马逊公司（Amazon）是美国最大的一家网络电子商务公司，是网络上最早开始经营电子商务的公司之一，一开始只经营网络的书籍销售业务，现在则涉及了范围相当广的其他产品，已成为全球商品品种最多的网上零售商和全球第二大互联网企业。在其公司名下，还包括了AlexaInternet、a9、lab126和互联网电影数据库（Internet Movie Database，IMDB）等子公司。

做一做

请打开亚马逊网店，选择需要的商品，体验亚马逊网站上的购物流程。

3.了解Shopee

Shopee是东南亚电商平台。Shopee在2015年于新加坡成立并设立总部，随后拓展至马来西亚、泰国、印度尼西亚、越南及菲律宾等市场。Shopee拥有的商品种类包括电子消费品、家居、美容保健、母婴、服饰及健身器材等。Shopee是东南亚发展最快的电商平台，也是国货出海东南亚的首选平台。

申请加入Shopee只需进入其官网，按照申请入驻流程图操作即可，具体申请入驻流程图如图1-1-8所示。

图1-1-8 某区域性国际电商平台开店指南

做一做

请上网查一查，要在Shopee开设一个店铺，需要哪些资质，并写在下面的横线上。

_____

_____

_____

4.了解Lazada

Lazada于2012年3月推出，是东南亚首屈一指的网上购物平台，中文名为来赞达。在印度尼西亚、马来西亚、菲律宾、新加坡、泰国、越南设有分支机构。Lazada同时在韩国、英国、俄罗斯及我国香港地区设有办事处。

Lazada主要目标市场是东南亚6国：马来西亚、印度尼西亚、新加坡、泰国、越南、菲律宾。平台用户超过3亿，主要经营3C电子、家居用品、玩具、时尚服饰、运动器材等产品。平台成立几年后就一跃成为东南亚最大的电商平台之一。

2016年，Lazada成为阿里巴巴集团的区域旗舰，并得到了阿里巴巴一流的技术基础设施的支持。目前，如果想要在lazada开店的话，可以先进入其卖家中心进行学习，具体方式如图1-1-9所示。

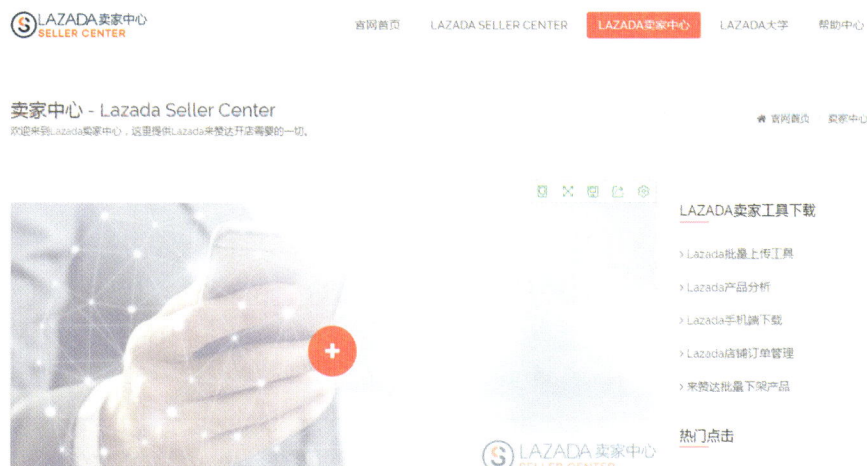

图1-1-9 某区域性国际电商平台卖家中心

做一做

上网查找还有哪些国际电商平台，请找出1~2个，介绍它们的基本情况，将其写在下面的横线上。

_____

_____

_____

_____

_____

［任务二］

NO.2

了解电子商务法

◆ 任务描述

国家出台了《中华人民共和国电子商务法》，用以规范电子商务的发展，同时各个电商平台也有一些规则，如淘宝的内容创作规则等。为了有序推进后期的工作，小林决定先了解相关的法律法规及平台运营规则，让自己做一个知法、守法的卖家。学习完这一任务后，我们将了解一些与电子商务相关的法律及平台的运营规则。

◆ 任务实施

既要了解电子商务相关法律法规，又要了解一些主流的电子商务平台规则，其流程如图1-2-1所示。

认识电子商务法

```
了解电子商务相关法律  →  了解电子商务平台规则
```

图1-2-1　了解电子商务法步骤

活动一　了解电子商务相关法律

为了规范电子商务行为，维护市场经营秩序，保障电子商务各方主体的合法权益，2018年8月31日，十三届全国人大常委会第五次会议表决通过《中华人民共和国电子商务法》（后简称《电子商务法》），自2019年1月1日起施行。

1.电子商务法涉及经营者的部分条款解读

①个人开网店需要进行工商和税务登记。电子商务经营者应依法办理市场主体登记，

并在销售商品或者提供服务时依法出具纸质发票或电子发票等购货凭证或服务单据，依法履行纳税义务。但是，个人销售自产农副产品、家庭手工业产品，个人利用自己的技能从事依法无须取得许可的便民劳务活动和零星小额交易活动的除外。

②禁止虚构交易、编造评价，平台不得删除评价。《电子商务法》要求电子商务经营者全面、真实、准确、及时披露商品或服务信息，禁止以虚构交易、编造用户评价等方式进行虚假、引人误解的商业宣传，欺骗、误导消费者，不得删除评价，违者可能面临最高50万元罚款。为提高销售额而刷销量、刷好评、删差评的行为，会严重误导消费者，损害消费者的知情权、选择权。

③快递不能无限延期，商品运输风险由商家承担。电子商务经营者按照承诺或与消费者约定的方式、时限向消费者交付商品或服务，并承担商品运营中的风险和责任，但消费者另行选择快递物流服务提供者的除外。

④搭售要显著告知，"默认勾选"被禁止。《电子商务法》规定，搭售商品或服务，应当以显著方式提醒消费者注意，且禁止作为默认同意的选项。商家违反此规定，将面临最高50万元的罚款。

2.电子商务法律的作用

①引导市场经济健康发展。只有建立健全的电子商务法律规范，才能更好地管理电子商务市场的秩序，保证交易过程的顺利进行，推动经济的稳定发展。

②促进科学技术快速发展。电子商务的发展离不开网络科技的支持，电子商务法律法规能够规范和促进互联网技术等高新技术的发展，为电子商务市场保驾护航。

③监督电子商务交易过程。电子商务区别于传统贸易的最大特点是交易双方互不见面，电子商务法律规范的建立能够管理和监督网上交易过程，确保交易双方健康有序地展开贸易活动。

🔍 做一做

某店铺销售某品牌化妆品，小莉对比发现此店铺中的化妆品比其他店铺更便宜，在仔细核对了网店中的商品介绍及相关图片后，小莉购买了此店铺中的商品。当收到商品后，小莉发现此化妆品和在实体店中购买的同款化妆品不太一样，于是，小莉带着在网店中购买的化妆品到实体店验货后，确认网上购买的化妆品是假货。小莉要求网店退货，但卖家却以影响了商品再次销售为由不同意退货。请你分析一下，这家卖化妆品的店铺是否违反了《电子商务法》？如果你是小莉，你将采取什么措施维护自己的权益。请将你的想法写在下面的横线上。

_____

_____

_____

_____

活动二 学习电子商务平台规则

《电子商务法》第三十八条规定："对关系消费者生命健康的商品或者服务，电子商务平台经营者对平台内经营者的资质资格未尽到审核义务，或者对消费者未尽到安全保障义务，造成消费者损害的，依法承担相应的责任。"为了更好地维护电子商务的经营环境，各电子商务平台都有相关规定，在开展电子商务运营前需要认真学习。

1.了解淘宝规则

在淘宝官网首页右边单击"规则"即可进入淘宝网规则页面，内容涉及市场管理与违规处理、行业管理规范、营销活动规范、消保及争议处理、信用及经营保障、特色市场规范、内容市场规则、生态角色规则。在淘宝网开展电子商务运营时，除要遵守《电子商务法》以外，还需要遵守淘宝网规则，才能合法合规地开展电子商务运营，如图1-2-2所示。

图1-2-2 国内某综合性电商平台规则

做一做

请查看《淘宝平台违禁信息管理规则》，了解淘宝平台有哪些禁止交易的商品或服务，并列举5个写在下面的表格中。

表1-2-1 淘宝平台违禁销售物品及对应的处理

禁止交易的商品及服务	对应违规处理

阅读有益

2.了解天猫规则

在天猫主页的"商家支持"中单击"天猫规则"，进入天猫规则页面。天猫规则页面包含了商家入驻、经营必读、玩转营销、服务消费者、玩转阿里生态等。它既包含了规则解读，也包含了天猫平台对商家的服务。

3.京东规则

在京东首页的"客户服务"中单击"规则平台"进入京东规则页面。京东规则对资质要求、店铺管理、商品管理等内容做了详细约束，所有商家需要遵守平台的所有规定，其运营规则如图1-2-3所示。

图1-2-3　国内某B2C电商平台规则

做一做

进入京东规则页面后，单击页面导航条上的"POP规则"，再单击"规则解读"，详细阅读《新消法FAQ》，并完成下表的内容。

表1-2-2　京东平台退换货规则

①商品包装或附件中带有刮奖区的，刮奖区被损坏的适不适用7天无理由退货？
答：
②大家电是否享受7天无理由退换货？运费由谁承担？
答：
③7天无理由退换货的7天应如何计算？
答：
④耐用品的瑕疵问题，其瑕疵的定义是什么？
答：

◆ 项目小结

电商平台按地域可分为国内电商平台和国际电商平台，熟知这些平台的发展崛起路径、入驻所需资质、交易规则，将有助于大家更好了解分析用户群、做好开店准备、开展网上交易活动。《电子商务法》作为规范电子商务行为、维护市场经营秩序、保障电子商务各方主体的合法权益的国家性法律文件，对其加深了解，将有助于大家保障自己的合法权益，合法开展电商经营活动。

◆ 身边的案例

2016年8月，18岁的管小伟利用自己打工攒下来的钱买了计算机和相机，开启了他的淘宝创业之路。网店开起来后，应该卖什么产品?经过自己调研和老师指点，他把家乡的枇杷作为主打产品，放入自己的网店去卖。没想到，不到一周时间，店铺里的枇杷就被下单了200多斤，管小伟因此兴奋得手舞足蹈。

然而，还没大卖几周，枇杷就已下市。下面淘宝店应该卖什么？通过请教和走访，管小伟在他的网店中又拓展了枇杷膏、云阳红橙、云安毛桃等农特产品。据统计，有一年枇杷节，最多一天他的淘宝店卖了1万5千多元的枇杷，成为了远近闻名的电商达人，并于2021年6月被巴阳镇表彰为"巴阳镇十佳电商个人"。

◆ 项目检测

一、选择题

1.下列电商平台中为国际电商平台的是（   ）。

A.1688采购平台　　　　B.天猫　　　　　　　C.亚马逊　　　　　　　D.拼多多

2.下列不属于淘宝平台的板块是（   ）。

A.聚划算　　　　　　B.黑色星期五　　　　　C.淘抢购　　　　　　　D.天猫超市

3.下列购物App主要是依靠亲朋好友拼团，形成社交电商平台的是（   ）。

A.拼多多　　　　　　B.京东　　　　　　　　C.淘宝　　　　　　　　D.1688采购平台

4.亚马逊是最早开展电子商务的平台，它成立于（   ）。

A.1996年　　　　　　B.1997年　　　　　　　C.1998年　　　　　　　D.1995年

5.《中华人民共和国电子商务法》正式实施的日期是（   ）。

A.2015年1月1日　　　B.2019年6月1日　　　　C.2019年1月1日　　　　D.2018年6月1日

二、填空题

1._____年6月18日，京东公司成立。

2.拼多多是国内主流的手机购物App，是专注于_____拼团的第三方社交电商平台，成立于_____年_____月。

3.1688采购平台于_____年创办。

4.全球速卖通于2010年4月正式上线，是_____旗下唯一一面向全球市场打造的在线交易平台，被广大卖家称为"国际版淘宝"。

5._____是东南亚的电商平台。2015年于新加坡成立并设立总部，随后拓展至马来西亚、泰国、印度尼西亚、越南及菲律宾等地。

6.Lazada于_____年_____月推出，是东南亚首屈一指的网上购物平台，中文名为来赞达。

7.个人开淘宝网店需要进行_____和_____登记。

8.搭售要显著告知，"_____"被禁止。

三、简答题

1.简述《电子商务法》对电子商务发展的作用。

2.简述《淘小铺管理规范》对开店的要求。

◆ 项目评价

项　目	标　准	配分/分	得分/分
初识电商平台	了解淘宝网	10	
	了解京东商城	10	
	了解拼多多	10	
	了解1688平台	10	
	了解速卖通	10	
	了解亚马逊	10	
	了解Shopee	10	
	了解Lazada	10	
了解电子商务法	学习《电子商务法》	10	
	电子商务平台规则学习	10	
总　分		100	

项目二
分析数据

【项目概述】

重庆渝记椒派食品有限公司为拓展业务范围，决定开辟网络营销新渠道。小林详细考察了此公司产品质量及线下销售业绩后，争取到本公司产品的网络销售权。如何把网络营销风险降到最低？在大数据时代，可以通过数据分析工具了解行业及产品在电子商务平台的销售情况。小林将通过分析数据并结合自身产品优劣势来明确自身产品定位，并制定销售目标。在本项目中，将学习创建店铺前的数据分析过程，以便预测风险并确定开店方向。

【项目目标】

知识目标

了解数据分析的作用；

了解行业数据分析的过程；

掌握数据的主要影响因素。

技能目标

能分析行业数据；

能分析产品数据；

能确定开店方向。

思政目标

培养学生科学的数据思维；

培养学生电商助农的服务意识；

培养学生能够进行良性竞争的价值观。

［任务一］

分析行业数据

◆ **任务描述**

开店前需要寻找自己店铺的主营业务和目标市场，了解食品类商品在网络上的销售情况，即行业分析。互联网提供了专业的数据分析软件，可分析行业、产品的相关数据。完成这一任务后，我们将掌握常见的电商数据分析方法，能使用数据分析工具分析行业信息、产品属性信息等。

◆ **任务实施**

在创建淘宝店铺之前，要进行数据分析，那通过什么工具分析数据？需要分析哪些数据呢？我们将利用大数据工具软件从分析市场、分析类目、分析排行等方面进行行业数据分析，具体内容如图2-1-1所示。

分析市场 ▶ 分析类目 ▶ 分析排行

图2-1-1 行业分析

活动一 分析市场

通过市场分析，根据行业数据走势、细分行业分析和品牌/产品/属性交易走势分析，做数据判断及预测，制定品牌/店铺整体运营规划，指导店铺整体运营方向。

🔍 **做一做**

通过科学地对数据进行处理和分析，我们能够知道发生了什么，为什么会发生，它们有什么样的规律等。通过分析数据，将数据关联到业务和管理流程，并能创造性地提出不同的见解。那么，分析电商数据的常用工具有哪些呢？

数据分析工具（免费）：＿＿＿＿＿＿＿＿＿＿＿＿＿＿＿＿＿＿＿＿＿

数据分析工具（付费）：＿＿＿＿＿＿＿＿＿＿＿＿＿＿＿＿＿＿＿＿＿

目前，大数据分析工具都主要针对卖家所在地统计、价格图、销售统计、类目统计方面进行数据爬取。在本案例中，我们将利用"店透视"插件来进行"豆干"的市场分析。安装"店透视"插件→进入"淘宝"官网，以搜索"豆干"为例，单击"市场分析"，打开"市场分析"对话框，设置搜索条件、排序、页数、内容，单击"开始分析"，如图2-1-2所示。

通过市场分析，可以查看到目前电商市场中售卖豆干产品的店铺类型分布如图2-1-3所

分析市场

示。通过该数据图表分析可知，当前市场中销售豆干"商品数量"最多的淘宝店铺主要以天猫旗舰店为主，通过"总销量"也可以看出哪种店铺类型的销量比较好，以便新手店家定位店铺类型。

图2-1-2　市场分析

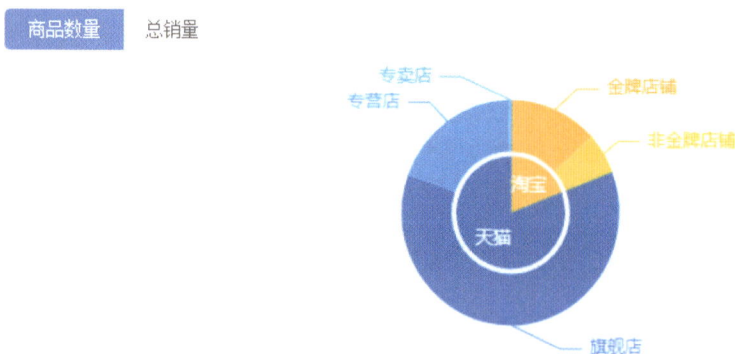

图2-1-3　店铺类型分布

通过监测"市场分析"中行业的销售数据可以了解目前所属行业的整体情况，如果整个行业的发展趋势是呈增长的，说明这个时候进入是比较健康的。根据市场中的行业数据可以让卖家结合自己的实际情况确定产品上架与推广时间。

选择范围　淘宝 ∨				商品数量: 42 /50
全部	D（描述相符）	S（服务态度）	R（物流服务）	30天销量
最小值　天猫	4.59	4.65	4.66	7500
最大值　淘宝	4.95	4.95	4.94	15000
平均值	4.78	4.82	4.83	11250.00

图2-1-4　最近30天各类型店铺的销量

做一做

请打开素材中的"市场数据分析-豆干_店铺类型分布.xls"，分析如图2-1-5所示的商品数据情况，请将数据填写在表格中。

项目	销量最高的产品定价	销量最高的收货人数	30天内的销量
天猫			
淘宝			
数据解读			

图2-1-5　店铺类型分析

通过查看本页面所有产品所在地信息，可以分析当前产品在当前地域竞争力的大小。通过数据图可以发现，首页豆干产品卖家所在地在"重庆"的有6家，付款人数5600多。

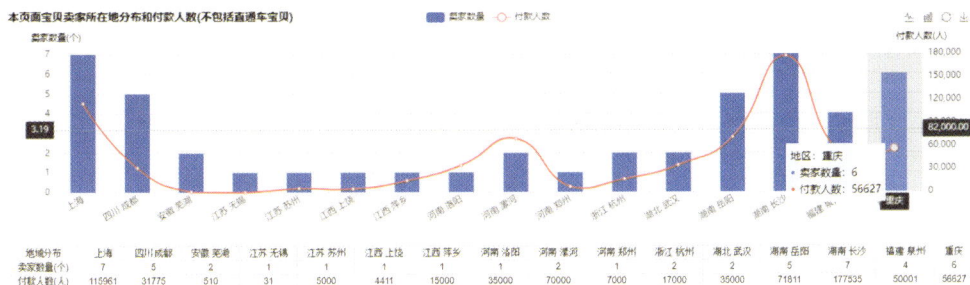

图2-1-6　产品所在地分布

活动二　分析类目

1.类目

数据查看和分析都是通过类目词来进行的。店铺类目是指网上电子商务平台为适应当今时代的消费人群在网上购物时有针对性地选购各种商品而对商品做出的归类，归类的名称叫类目词。通过市场分析的"类目分布"可以发现，豆干产品的类目主要分布在"零食/坚果/特产>豆干制品/蔬菜干>豆腐干"，如图2-1-7所示。

图2-1-7　类目分布

一般电子商务平台的店铺类目有很多，如：虚拟、服装、配饰、美容、数码、家居、母婴、食品、文体、服务和保险等。在本项目中，我们将以"豆干"为类目词在淘宝平台进行数据查询和分析。

做一做

请打开素材文件中的"市场数据分析–豆干_类目分布.xls"进行数据解读，总结出类目词中商品数量占比和总销量占比之间的关系？

2.商品属性

商品属性指的是产品的特质、特征。例如销售的产品是某食品，则食品的口味、原产地、包装大小、品牌等，都是该产品的属性。对产品属性进行细分，可以吸引更多客户，增加成交机会。通过大数据对同行同类产品的属性细分进行数据分析能够帮助店铺定位产品的基础属性和营销属性。

·基础属性：商品本身所固有的基础性质。

·营销属性：商品在1688市场推广时，结合商品的特性，被赋予的用于营销时的属性标签。

通过使用"豆干"为关键字，可以在淘宝首页查看产品的热门基础属性、热门营销属性。查看细分类目的热门基础属性有口味、原产地、品牌等；查看细分类目的热门营销属性有产地货源、厂家直销等，如图2-1-8、图2-1-9所示。

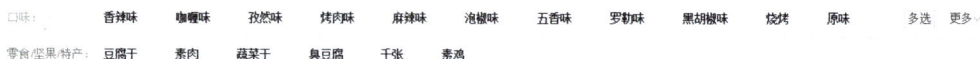

口味	香辣味	咖喱味	孜然味	烤肉味	麻辣味	泡椒味	五香味	罗勒味	黑胡椒味	烧烤	原味	多选	更多
零食/坚果/特产	豆腐干	素肉	蔬菜干	臭豆腐	千张	素鸡							

图2-1-8　热门基础属性

品牌	YOME'S/渝美滋	好巴食	劲仔	亲昵	金磨坊	好味屋	张飞	祖名	BE&CHEERY/百草味	卫龙	多选	更多
	香之渝	乡乡嘴	良品铺子	思乡山	偷嘴雅	樊三	悦之恋	盐津铺子	津津	爽口佳		
省份	重庆	湖南省	四川省	浙江省	河南省	安徽省	山东省	贵州省	江苏省	广东省	福建省	多选　更多

图2-1-9　热门营销属性

做一做

请查询"坚果"的属性细分，并对数据进行解读，将信息填写在下表中。

属性名称	属性细分	数据解读
热门基础属性		
热门营销属性		
价格带分布		

活动三　分析排行

优良行业的特征主要体现在价格、供应链、物流、市场竞争、平台支持（淘宝的相关政策）等方面。只有了解当前类目关键词下的大市场环境、客户所需和竞争对手，才能在市场占有优势。通过查看"市场分析"下的商品销量排行，让卖家更加清晰地看到行业状况。

通过商品销量排行榜还可以导出完整的榜单，在做前期数据分析时可以把比较热门的关键词记录下来运用到自己的产品上去，如图2-1-10所示。

图2-1-10　商品销量排行榜

🔍 做一做

请打开素材文件"市场数据分析-豆干_商品销量排行.xls"，分析出排名前20位中出现频率最高的5个关键词。

关键词1	关键词2	关键词3	关键词4	关键词5

通过商品销量排行榜可以筛选出最热卖的商品，为店铺的后期产品定位指引方向，如图2-1-11所示。

图2-1-11　商品销量排行榜

通过行业分析，可以了解其他卖家同类产品卖得好不好，这类产品的市场和价格定位。从而对产品的行业趋势、淡季旺季、受众人群的性别及其分布，地域分布，消费能力等信息有了一个初步的掌握。分析同行同类产品可以从以下几个方面进行数据解读：

①市场环境：影响因素有原材料价格、气候、国家政策。

②竞争对手分析：同行的采购数据、销售数据、市场动向。

③行业热点：销售产品和品类有关的热点监控、明星效应、网络交流热点。

阅读有益

快乐成长

［任务二］
分析产品数据

◆ **任务描述**

所谓知己知彼百战百胜，那如何分析同行同类产品呢？完成这一任务后，我们能通过淘宝首页数据来分析同行业其他产品的销售情况。

◆ **任务实施**

分析了行业数据，还需要分析产品的具体数据，可以从查看淘宝首页数据着手去了解产品的各项细分指标，如图2-2-1所示。

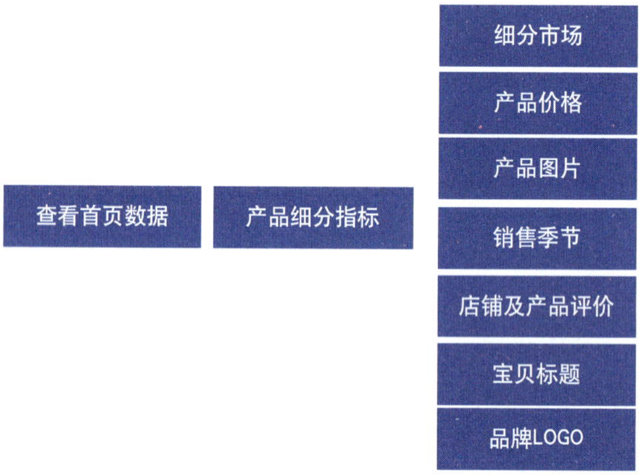

图2-2-1

活动一　分析淘宝首页数据

淘宝首页属于淘宝的核心资源，对于展示的产品、店铺会有非常严格的甄选机制。淘宝首页展示了相当多的数据，可以通过综合排序、人气、销量、信用、主图、标题、价格、店铺、DSR（店铺动态评分）、人数、LOGO等数据信息来对同行产品进行分析。

🔍 做一做

登录淘宝首页，在产品对话框中输入关键词"豆干"进行数据查询，如图2-2-2所示。

分析首页数据

图2-2-2　产品的淘宝首页图

1.查看综合排序

"默认综合排名=人气+销量+信用+价格",其中"人气=浏览量+收藏量"。淘宝首页搜索产品时,关键词的前后位置不影响排名,如五香麻辣味豆干和豆干麻辣五香味不影响排名,但人气高的产品会排在前面。

2.查看产品标题

淘宝上的流量大部分都来自搜索流量,所以产品标题的匹配度非常重要。一个好的产品标题会带来更多的流量。在分析同行的同类产品时可以分析其标题的构成。

3.查看首页主图

产品主图最大的作用就是吸引顾客进入点击查看产品,在分析的时候可以关注主图的产品展示方式、配色及图片设计的创新点。

4.查看首页价格

通过淘宝首页数据查看同行的同类产品价格,以此定位自己的产品价格,增强价格竞争力。

5.查看同行店铺

明确同行的主要竞争店铺,排名靠前的店铺点击率高,转化率也高。也可以分析它们在淘宝首页排名领先的影响因素,为自己的店铺运营方向提供参考。

6.查看首页DSR(店铺动态评分)

DSR(Data set ready)即店铺动态评分是买家在收到购买的产品之后给卖家店铺的打分,评价的星级。DSR分为四个标准,"产品与描述相符""卖家的服务态度""卖家的发货速度"及"快递的服务速度"。首页里店铺里就展示前三个项。这三个指标就是我们所称的动态评分(DSR评分)。

做一做

请对如图2-2-2所示的前三个商品进行数据分析和解读。

阅读有益

名称	综合排序	主图特征	标题关键字	价格定位	购买人数	DSR
数据查询						
数据解读						

分析产品数据

活动二　分析产品细分指标

产品的细分指标有市场、产品价格、产品图片、促销手段、店铺及产品评价、品牌LOGO。

1.细分市场

市场细分属于营销学的一个概念，其意义在于有利于帮助选择目标市场和制订市场营销策略；有利于发掘市场机会，开拓新市场；有利于集中人力、物力投入目标市场；有利于提高经济效益。对产品市场的细分标准可以概括为地理因素、人口统计因素、心理因素和行为因素4个方面，每个方面又包括一系列的细分变量，见表2-2-1。

表2-2-1　细分市场标准

细分标准	细分变量
地理因素	地理位置、城镇大小、地形、地貌、气候、交通状况、人口密集度等
人口统计因素	年龄、性别、职业、收入、民族、宗教、教育等
心理因素	生活方式、性格、购买动机、态度等
行为因素	购买时间、购买数量、购买频率、购买习惯（品牌忠诚度），对服务、价格、渠道、广告的敏感程度等

客户关系管理理论中经典的2/8原则指出：80%的利润来自20%的客户。分析出一般客户、重要客户、黄金客户的特点，可以降低促销成本。

2.细分产品价格

销量相同的产品，价格高的有更多展示的机会；价格相同的产品，销量高的有更多展示机会。在分析价格时，需要分析同行同类产品电脑终端价格以及无线客户端的促销价格优惠。细分产品价格包含原价、促销价以及包含促销价格的促销等内容，如图2-2-3所示。

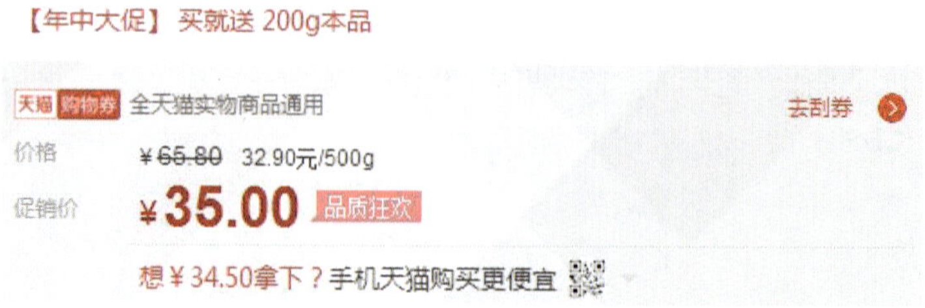

图2-2-3　细分产品价格

3.细分产品图片

图片点击率的差距，直接影响搜索流量。买家不是直接搜索进来的，而是被图片吸引进来的，产品图片非常重要。分析其他店铺的图片可以从产品主图、产品销售属性、详情页等方面分析。

（1）分析同行产品的主图。

主图的核心功能是传递信息，图片的整体情况极大程度影响点击率的好坏。主图含5张主图的排序和内容，如图2-2-4所示。分析主图可以从图片场景、图片清晰度、产品颜色、创意卖点和促销信息展示等方面进行。

图2-2-4　产品主图

🔍 **做一做**

分析如图2-2-4所示的产品主图，列举出每张主图传递的信息。

主图分析	主图1	主图2	主图3	主图4	主图5
信息					

（2）分析产品销售属性

淘宝平台上的产品支持不同的销售属性并拥有不同价格和库存。例如豆干的产品销售属性就包含库存量、口味、规格分布，如图2-2-5所示。分析同行的产品销售属性可以为自己的产品定位找到方向。

图2-2-5　产品销售属性

（3）分析产品详情页

产品详情页直接促进产品的销售，所以产品详情页的主题设计和风格定位都非常重要。分析同行优秀的产品详情页可以从产品呈现、布局逻辑、配色、客户体验的展示等方面进行，如图2-2-6所示。

图2-2-6 详情页图片

？想一想

进入淘宝首页查看商品的时候，哪些是买家点击进入产品详情页的影响因素？

_____

4.分析同行产品促销手段

通过消费者心理分析可以知道，促销就是在注重强调商品原价值，让买家觉得用低廉的价格买到超值的商品。促销手段包含促销活动和关联套餐两个方面。

（1）促销活动

促销活动中最常见的就是打折促销、商品绑定、包邮、特价处理、返还现金、拍卖、团购、送红包等，如图2-2-7所示。

图2-2-7 主图促销活动

知识窗 🔍

打折促销

限期折：节假日/店铺周年纪念日。

名次折：达到某个要求的名额。例如前100位顾客5折优惠。

会员折：开发新顾客成为店铺会员，然后增加会员优惠。

ZHISHICHUANG

（2）产品的关联营销

关联营销的最常见方法就是搭配套餐，如图2-2-8所示。关联套餐设置的优劣在提升客单价、访问深度、提高转化率方面有很大的影响。客单价提高，网店的利润就有了保证。分析关联销售的设置可以从商品数量设置、商品类型和互补性、搭配目的等方面来进行。

自由搭配

图2-2-8　关联套餐和布局

5.分析店铺及产品评价

店铺及产品评价的分析，可以通过店铺动态评分（DSR）、产品的包装、发货所用过的快递、发货速度等情况及其因素进行分析，如图2-2-9、图2-2-10所示。

图2-2-9　店铺DSR

图2-2-10　产品评价

6.品牌LOGO

淘宝店铺LOGO是网店展示和宣传的一种重要标志。好LOGO能够让人产生深刻的印象，达到宣传的目的。在对店铺进行定位的时候就要思考一下店铺LOGO的设计，增强店铺吸引力和产品相关性。

做一做

春节来临之际，请选择以坚果为关键词查看相关产品的细分指标。

· 顾客人群：_____

· 价格定位：_____

· 产品图片特征：_____

· 店铺及产品评价：_____

· 产品标题所含关键字：_____

· 主流品牌：_____

阅读有益

快乐成长

[任务三]
确定开店方向

◆ 任务描述

从市场需求的角度和商业价值的角度，确定网店的销售重点和销售范围。只有具备经营价值的商品，才值得投入时间、精力和资金。这就需要解读行业数据，积极细心地关注市场、寻找商机。商机就藏在市场的各种需求中。完成这一任务后，我们将确定开店方向。

◆ 任务实施

分析了行业数据和产品的各项细分指标，就需要确定开店方向，基本流程如图2-3-1所示。

定位行业 ▶ 选择货源 ▶ 定位产品

图2-3-1　确定开店方向流程

活动一　定位行业

1.从市场需求中确定经营方向

从市场需求中分析，有的商品适合短期、快速的短线经营方式，有的商品则适合长线经营。

适合短线经营的主要是一些市场热点类商品，要求经营者有较强的市场预测和判断能力，否则很可能造成积压。例如，一些"网红"产品就属于短线经营产品，通过媒体的广告作用和售价上的差距，促使很多热衷于这类商品的买家直接上网去搜索。

适合长线经营的主要是生命力长久的商品，要求经营者有较强的专业性和耐性，否则很难让消费者产生信任感并得到认同。例如，某些知名品牌的产品就属于长线经营，因为知名品牌有较为固定的消费群体，这些买家一般有明显的消费特征。

相比而言，在经营上实现短期效益有一定的难度，长期经营比较容易形成固定的顾客群。

🔍 做一做

电商平台就像一条金扁担，一头挑起产品，一头挑着市场，可以实现农户与消费者的无缝对接。那在电商助农活动中哪些是长线产品？哪些是短线产品呢？

长线产品：_____

短线产品：_____

通过"市场分析"查看最近30天豆干销量数据来查看行业的发展趋势，从如图2-3-2所示的数据图来判断豆干行业的市场需求，根据数据解读可以看到本行业的销量平均值近2万。在监测过程中还发现，平均值正处于小幅上升发展阶段，则此时适合进入市场。

选择范围 全部 ∨				商品数量：440 /50
	D（描述相符）	S（服务态度）⇅	R（物流服务）⇅	30天销量 ⇅
最小值	4.55	4.63	4.59	6000
最大值	4.95	4.95	4.94	100000
平均值	4.84	4.84	4.84	19830.00

图2-3-2　豆干产品近30天销量

2.从消费者群体确定经营方向

根据不同的目标消费群体来锁定商品类型，也就是进行消费定位。首先要明白哪些商品是针对哪一类的买家，再对买家的需求状况进行分析，最后确定销售方向。掌握目标消费群，可以分析他们的购物心态、购物方式以及要求的服务质量等，根据这些信息来制订销售策略。

3.从现有资源和创意确定经营方向

在确定网店商品经营方向时，可以根据自己手上已有的资源或者个性创意来定位，包括一些有特殊的进货渠道、加工难度或者地方特产类的商品，例如"渝记椒派豆干系列"就属于我们的店铺现有资源，因此我们的淘宝店铺就可以定位为食品行业，主营豆制品。

？想一想

如果你打算开一个淘宝店铺，你如何定位行业，依据是什么？

活动二　选择货源

1.分析产品来源

产品来源可以包含实体店主、特产、加盟分销等。

（1）线上货源

阿里巴巴（1688）等其他采购平台。阿里巴巴作为国内第一大B2B网站，提供了海量厂家及商品供大家选择。从阿里巴巴进货，选择多、价格低。同时跟淘宝类似，可以通过销量、评价、价格等因素进行选择，如图2-3-3-所示。

（2）线下市场

方便快捷的批发市场或本地工厂企业都可以为淘宝店铺提供充足的货源。此外，如果是一些个性化需求的产品也可以通过定制产品来构建自己的核心优势，例如：家居、手工制品等。

货源选择

图2-3-3　1688采购平台

2.确定产品货源

在确定产品货源的时候，可以通过查看排名靠前淘宝卖家的货源数据来进行参考。使用大数据工具，可以分析查看当前产品的货源链接。如果店铺在某些时候库存不足的时候，就能快速找到货源或者做产品定制，如图2-3-4所示。

图2-3-4　同款货源定位

在本案例中，我们拥有的核心优势是"渝记椒派"豆干制品的线下品牌食品加工厂，所以我们的店铺拥有充足的货源。

活动三　定位产品

产品定位可以从细分市场、产品价格、产品图片、产品标题、产品属性、拍摄风格、产品详情页等信息来具体进行分析。

1.定位细分市场

定位细分市场可以从定位目标市场和定位目标消费人群来分析。

（1）定位目标市场

以"豆干"为搜索词，通过查看市场分析数据，得到热门地区分布图。从图中可以很清晰地看到豆干制品的热门卖家地区排名，从而知道豆干制品的卖家主要来是湖南、四川、重庆、浙江等地，在淘宝页面排名前400多家店里，重庆的店铺有51家，同时可以看出当前地域所处的产品竞争力。

产品定位

（2）定位目标人群

食品是快速消费类的商品，也一直深受广大人民群众的喜爱。在进行定位的时候要大致分析买家的性别占比、年龄阶段占比、终端爱好占比等内容。

从"淘宝直播"的数据图中还可以看出"豆干制品"销量最多的店铺它的直播占比非常大，所以在进行店铺运营阶段需要将买家偏好也要考虑在内，如图2-3-5所示。

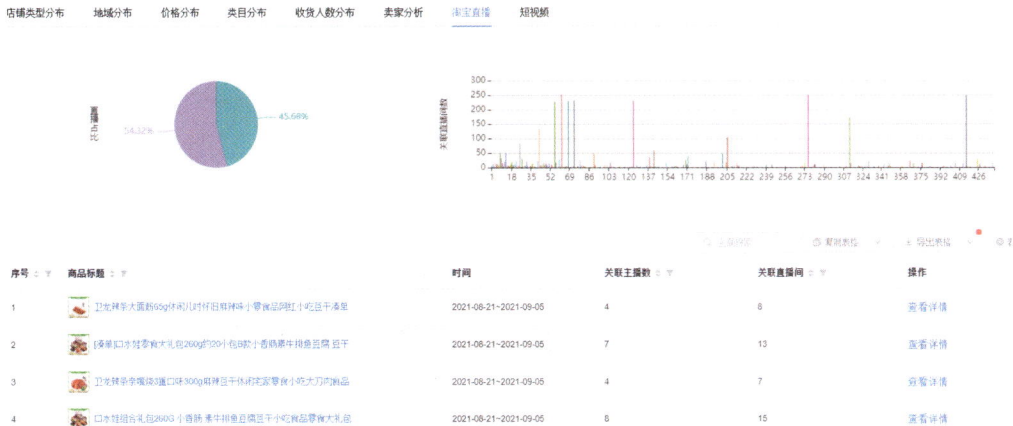

图2-3-5　淘宝直播数据分析

2.定位产品价格

如何去选择顾客最喜欢的价格，就需要看看什么样的价格区间是买家心理面最能接受的，任何人都会根据自己的购买能力和喜好选择产品，还会对于商品本身的了解制定出一套标准，我们可以通过产品的价格带分布来定位我们的产品价格。通过"价格带分布"查看豆干行业的价格带分布，如图2-3-6所示。

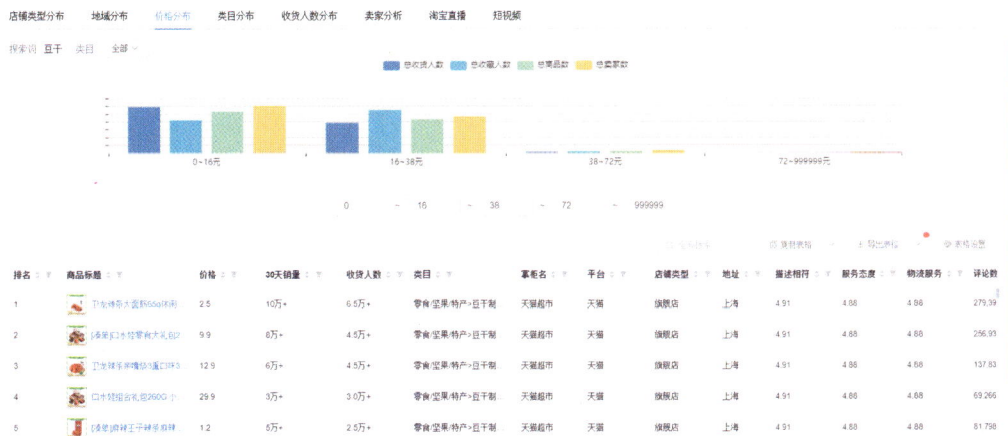

图2-3-6　价格带分布

从数据解读中可以看到买家总收货人数最多的商品价格带为0~16元，收藏最多的商品价格带为16~38元。卖家根据自身情况，控制采购和生产成本。因此本店的"渝记椒派豆干系列"价格定位为10元左右。

3.定位店铺风格与产品图片

食品类产品在店铺和产品宣传展示上一般使用暖色调，要求颜色搭配适当，抓住消费者的心理特征让消费者拥有购买欲望，如图2-3-7所示。采用产品实拍的方式获得产品图片。产品主图有什么优势能够吸引顾客，这就需要综合分析同行同类产品主图，再设计自己的产品主图，让自己的产品主图更具吸引力。若照搬同行的产品主图，那么就显得大众，无法吸引买家点击进来店铺。

图2-3-7　产品图片风格

4.定位产品标题

　　买家通过输入自己想要的产品关键词来搜索产品，而网站在进行匹配的时候，就是通过产品标题来匹配的，因此产品标题中关键词要侧重于高搜索量，又和产品本身相关的词。产品标题的每个词都影响着自然搜索流量。可以通过"市场分析"→"商品标题"，为产品标题设置和后期优化提供参考，如图2-3-8所示。

排名	商品标题
1	卫龙辣条大面筋65g休闲...
2	[凑单]口水娃零食大礼包2...
3	卫龙辣条亲嘴烧3重口味3...
4	口水娃组合礼包260G 小...
5	[凑单]麻辣王子辣条麻辣...
6	雪伟小马哥辣条老式大辣...
7	盐津铺子鱼豆腐31度鲜网...

图2-3-8　商品标题

通过分析销量排名靠前的"商品标题"来为产品的标题设计提供参考。定位产品标题可以采用公式：品牌词+热搜词+属性词+类目词+广告词来进行标题设置，例如"重庆特产渝记手磨香菇豆干1000g零食豆干休闲小吃豆干小包装"。

【提示】每个关键词换一下位置都会影响每个关键词在搜索时的排名，所以后期需要侧重关键字的优化，提升产品排名。

做一做

请使用标题设计公式为25g包装的渝记椒派榨菜设计一个标题。

_____

5.定位产品规格

通过分析"商品详情页"可以发现一般产品净重为500g规格的产品采购量最高，如图2-3-9所示。

块状-嫩豆干4味混装500g (本链接下任意买4斤送1斤本品)

条形-Q弹豆干4味混装500g   块状-嫩豆干香辣味500g (辣味)

块状-嫩豆干五香味500g (不辣)   块状-嫩豆干烧烤味500g (微辣)

块状-嫩豆干泡椒味500g (辣味)   条形-Q弹豆干香辣味500g (辣味)

条形-Q弹豆干五香味500g (不辣)

条形-Q弹豆干烧烤味500g (微辣)

条形-Q弹豆干山椒味500g (辣味)

图2-3-9　分析产品规格

6.定位产品销售属性

定位产品属性需要对产品的特性和卖点进行分析，然后就是提供丰富的产品种类和规格，保证充足的库存量。例如渝记椒派手磨豆干就设置了如图2-3-10所示口味的产品销售属性。

麻辣味　烧烤味　泡椒味　五香味

泡椒味　渝记椒派豆干　泡椒味

泡椒味　泡椒味

图2-3-10　定位产品属性—口味

做一做

良性竞争是通过提高产品差异化获取或扩大销售利润。请大家调研豆干产品的货源工厂，定位特色产品，为手撕豆干设置与同行产品具有部分差异化的销售属性。

_____

快乐成长

◆ 项目小结

商品定位要扬长避短，切忌跟风经营。有了正确的方向才能进行更有效的经营和管理，动手之前的准备越充分，才会使后面的工作有更大的爆发力。不要在起跑时为争分夺秒而盲目冲动，谋划在先，可以事半功倍。因此，在分析数据时，要注意以下几点：

①明确数据分析工具里面的信息，如统计时间、排名类型等。

②分析数据从客户需求出发，思考数据产生的缘由。

③可以定期收集数据，把数据贴到Excel表格里面用图表形象化数据，以便更直观地解读数据。

◆ 身边的案例

"彩虹"差异化战略抢滩电商市场

彩虹集团是全国家用取暖器具行业的龙头企业和全国家用卫生杀虫用品行业的骨干企业。彩虹集团的电商团队坚持在网销产品上开发差异化产品，当年即实现销售收入450余万元，第二年更达4000余万元。

彩虹集团的电商团队坚持以消费者需求为导向，利用大数据分析目标消费群体、消费者的购买习惯等，不断挖掘潜在市场。暖冬气候，造成国内电热毯行业销量连续下滑。彩虹集团电商团队协同相关部门将电热毯和柔性暖手器具的外观设计向年轻时尚看齐，成功上市熊、麋鹿等卡通系列产品，吸引大批年轻消费者。在全行业整体销售下滑50%以上的情况下，彩虹集团凭借此举逆风突围，不仅创造了良好经营业绩，更为彩虹产品扩大销售和提高市场占有率作出突出贡献。

◆ 项目检测

一、选择题

1. 一个标准的运营需要具备的条件有（　　）。

A.丰富的知识储备　　　　　　　　B.用数据说话的能力

C.长远发展的眼光　　　　　　　　D.良好的沟通协调能力

2. 目标消费群体可以从（　　）维度来锁定。

A.性格　　　　　　B.收入　　　　　　C.年龄　　　　　　D.职业

3. 从数据工具可以获得行业发展趋势所对应的数据。

A.量子恒道　　　　B.数据魔方　　　　C.百度指数　　　　D.生意参谋

4. 综合排序的人气排序是（　　）。

A.人气+销量+信用+价格　　　　　　B.浏览量+收藏量

C.人气+销量　　　　　　　　　　　D.信用+价格

5. 细分市场时，心理因素的细分变量不包含（　　　　）。

A.生活方式　　　　　　B.性格　　　　　　　　C.购买动机　　　　　　D.民族

二、填空题

1.口味属于产品的_____属性。

2.热门所在地属于产品的_____属性。

3.市场细分包含地理因素、_____、_____和_____。

4.DSR店铺动态评分包含_____、_____，卖家的发货速度及快递的服务速度。

5.淘宝店铺的线上货源有_____、_____。

三、实操题

1.查看豆干、榨菜的类目，并使用数据分析工具导淘宝前5页的商品排行数据。

2.以"创意家居"为关键词进行行业分析和产品分析，并对创意家居的货源来源和主打产品进行确定，然后对此类目的风险因素进行预测和评估。

◆ 项目评价

项　目	标　准	配分/分	得分/分
分析行业数据	掌握大数据分析工具	5	
	分析市场	10	
	分析类目	10	
	查看商品属性	5	
	分析商品销量排行	10	
分析产品数据	淘宝首页数据分析	10	
	商品细分指标分析	10	
确定开店方向	定位行业	15	
	选择货源	10	
	定位产品	15	
总　分		100	

项目三
创建店铺

【项目概述】

小林分析数据后得知，近期淘宝网站中销售豆腐干商品业绩较好的是"阿里巴巴"直营店，而其他销售豆腐干商品的网店均业绩平平，这增加了小林在淘宝网站上销售本商品的信心。小林准备在淘宝网站上创建店铺，并将商品上传到自己的店铺中。这需要准备好身份证、银行卡、食品经营许可证，还需要具备一定的电商营销意识及网络风险防范意识。在本项目中，我们将了解创建店铺的注意事项及网店的运营规则，掌握创建店铺及发布商品的流程、上传商品、装修店铺首页及详情页的操作方法。

【项目目标】

知识目标

了解在淘宝网站上创建店铺的规则；

掌握店铺、商品的命名规则；

掌握装修店铺的操作方法并了解其中参数的作用；

了解商品分类的原理及依据。

技能目标

能创建一个店铺并设置店铺信息；

能装修旺铺；

能上传商品；

能使用"千牛工作台"管理店铺，设置店铺员工的权限。

思政目标

培养学生法律法规意识及网络风险防范意识；

养成学生诚信经营的良好品德；

让学生形成通过电商服务乡村振兴的意识。

[任务一] NO.1

[任务一]

创建淘宝店铺

NO.1

◆ 任务描述

创建淘宝店铺是在淘宝网站上销售商品的第一步，开店前必须准备好开店资质并配置好办公环境，申请并实人认证淘宝账户、支付宝账户。完成这一任务后，我们将掌握创建淘宝店铺、绑定及实人认证支付宝账户的方法、了解创建淘宝店铺的注意事项和淘宝店铺的运营规则。

◆ 任务实施

开店前需要准备好计算机、网络等硬件设备，持有效证件办理"营业执照"，为装修店铺、铺货、运营店铺做好准备。其基本流程图如图3-1-1所示。

```
准备资质  >  申请店铺
```

图3-1-1 创建淘宝店铺流程图

活动一 准备开店

凡年满16周岁未满65周岁，办理了本人身份证，具有持本人身份证办理的银行卡，在工商局登记申请成为工商主体（部分情形除外），具有电子商务营销意识及网络营销风险防范意识的公民，均可在淘宝网站上申请开店。除此以外，还需要搭建店铺运营的环境，如搭建网络、配置计算机等。图3-1-2为某淘宝店铺运营的工作环境。

图3-1-2 网络销售办公场地

🔍 查一查

2019年《中华人民共和国电子商务法》要求，"电子商务经营者应当依法办理市场主体登记"。但其中有一些特殊的经营者无需办理主体登记，请将其写在下面的横线上。

_____

活动二 申请淘宝店铺

准备好证件、搭建好办公环境后，即可在淘宝网站上注册"淘宝账号"和"支付宝账号"。淘宝网站审核信息后即可完善店铺基本信息，缴纳"消保保证金"，为上传商品做好准备。

创建淘宝店铺

1.申请"淘宝账号"

"淘宝账号"是登录淘宝店铺的用户名，是店铺在淘宝网站上的指向，可使用电话号码申请"淘宝账号"。其操作步骤如下：

①进入淘宝官网，单击"千牛卖家中心" → "免费开店" → "个人店铺入驻"后进入网店基本信息页面，如图3-1-3、图3-1-4所示。

图3-1-3　进入首页

图3-1-4　申请网店页面

②填写店铺名称。如果已经确定了店铺的名称，则可以直接输入店铺名称；如果没有确定店铺名称，可以使用一个临时店铺名称，后面可以再做修改，如图3-1-5所示。

图3-1-5　输入店铺名称

试一试

请尝试使用自己的手机号码申请淘宝店铺，思考并确定店铺名称，将店铺名称写在下面的横线上。

_____

2.注册并绑定"支付宝账号"

支付宝账号是资金划转的中转站，也是个人资金账户，可使用手机号或电子邮箱账号作为用户名。下面以使用手机号码注册支付宝账号为例介绍注册支付宝账号的流程。

①登录淘宝网首页，单击网页右上角的"网站导航" → "支付宝"，如图3-1-6所示。

阿里APP		精彩推荐集		
淘宝	天猫	支付宝	余额宝	大牌捡宝
聚划算	飞猪	蚂蚁聚宝	淘公仔	浏览器
闲鱼	淘小铺	阿里钱盾	淘宝香港	淘宝台湾
钉钉	高德地图	虾米音乐	淘宝全球	淘宝东南亚
淘票票	菜鸟裹裹	阿里云	闺蜜淘货	大众评审
网商银行	阿里邮箱	阿里众包	淘工作	阿里巴巴认证

图3-1-6　打开支付宝链接

②进入网页后，单击"我是个人用户"→"立即注册"，创建账户，如图3-1-7所示。

图3-1-7　填写支付宝账户用户名

③设置密码。设置支付宝账户的登录密码及支付密码，如图3-1-8所示。

图3-1-8　设置账户登录密码及支付密码

④设置支付方式。支付方式是指从哪个银行账户支出消费费用及支付宝账户的资金转到哪个银行账户，它是与支付宝账户相关联的银行卡账户，是提取支付宝资金的渠道。需要持有本人的银行卡才可以进行支付验证，如图3-1-9所示。

⑤支付宝认证，进入申请淘宝店铺页面，按提示上传身份证的正反面，再单击"确认提交"按钮即可，支付宝认证页面如图3-1-10所示。

图3-1-9　设置支付信息

图3-1-10　支付宝认证页面

说一说

在开展电子商务过程中，支付安全是商家和客户都会面临的重要风险挑战，请说一说在电子商务支付安全上，需要采取哪些措施来保障支付安全？

知识窗

支付宝有两个密码——登录密码和支付密码，它们是保障支付宝账户的两把钥匙。登录密码是用户打开支付宝账户的钥匙，而支付密码则是用户确认划转资金的钥匙。登录密码与支付密码作为账户的双重保险，增加了账户的安全性。密码的设置规则见表3-1-1。

表3-1-1

类　别	
登录密码	6~20位字符； 只能包含大小写字母、数字及标点符号（除空格）； 大写字母、小写字母、数字及标点符号至少包含两种
支付密码	支付密码为6位数； 不能使用连续或相同的数字

3.淘宝实人认证

支付宝认证后，还需要进行淘宝实人认证。淘宝实人认证是使用手机端淘宝账号来验证身份，通过人脸识别的方式来判断淘宝网店卖家身份是否与身份证上的信息一致。其认证步骤如下：

①打开手机淘宝APP，在实人认证页面中，使用淘宝APP扫描淘宝实人认证二维码。

②进入到淘宝实人认证页面，单击"开始认证"按钮，按语音提示上下点头、张嘴等即可完成认证，如图3-1-11所示。

阅读有益

图3-1-11　阿里实人认证操作过程

阿里实人认证成功后返回页面。

4.修改店铺基本信息

注册信息通过淘宝网站审核后，接下来则需要完善店铺名称、店铺标志、货源等信息，为上传商品等做好准备。其操作步骤如下：

①打开淘宝网首页，单击"千牛卖家中心"→"免费开店"后输入账号信息，进入店铺后再单击"千牛卖家工作台"→"店铺管理"→"店铺基本设置"，如图3-1-12所示。

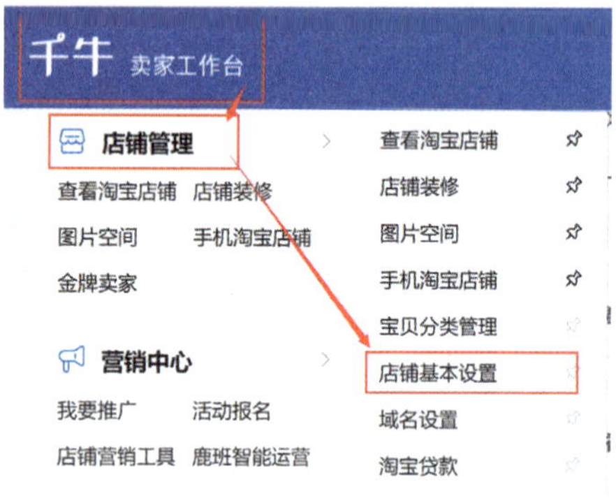

图3-1-12　打开店铺基本设置

②填写店铺名称、店铺标志、店铺简介、联系地址、主要货源、店铺介绍，如图3-1-13所示。接下来将上传商品到"仓库"中，做销售前的最后一个准备工作。

图3-1-13　设置店铺基本信息

知识窗 🔍

　　设置店铺名称时，需取一个见店名即知主营商品，且有益于提高搜索排名的店铺名称，其字节数应限制在4~20个字节。店铺名称由字号区+自定义区组成，字号区必填且字节限制在4~14个字节，自定义区为选填（可以不填）。

　　注意：知名品牌、游戏名、特殊字符属禁用词语，在未授权的情况下，不允许使用这些名称；而公众知晓的地名、品类及行业通用名词、热词等属于限用词语；已有店铺的名称不能使用。具体情况见表3-1-2。

表3-1-2　店铺名称的禁用及限用词库

词　库		举例（说明）	字号区	自定义区
禁用词	知名品牌	全聚德、张小泉、宝姿等	禁用	禁用
	游戏名	魔兽世界等	禁用	/
	特殊字符	【，@，#	禁用	禁用
限制词	公众知晓的地名	北京、巴黎等	限用	/
	品类、行业通用名词	服饰、童装、干果	限用	/
	热词	小清新、时尚、保暖内衣	限用	/
字号词	字号	已经成为别家店铺的账号	限用	禁用

ZHISHICHUANG

🔍 做一做

　　请判断表3-1-3中的店铺字号申请是否符合规范。若可作为店铺字号名，则在"结果"处画√，反之则画×，并说明原因。

表3-1-3　店铺名称举例

字号名	结　果	原　因
重庆张小泉		
英雄联盟（重庆）		
三只松鼠		
夏季童装		
雪地靴		

阅读有益

5.缴纳"消保保证金"

　　阿里巴巴为消费者提供了退款承诺、免费换新、破损补寄、品质承诺、发货时间、指定快递等保障服务，此服务由"消保保证金"给予保障。"消保保证金"至少缴纳1000元。

　　①单击"千牛卖家中心"→"客户服务"→"消费者保障服务"，如图3-1-14所示。

图3-1-14　缴纳保证金

②选择或填写额度后单击"确定"按钮，即成功缴纳保证金，如图3-1-15所示。

阅读有益

快乐成长

图3-1-15　成功缴纳保证金页面显示

[任务二]

NO.2

装修店铺首页

◆ 任务描述

　　装修店铺首页，就是对网络店铺门面进行装饰，包含手机端首页和PC端首页装修。装修好店铺的首页，能给购买者美好的视觉体验，能增加店铺的流量，提高店铺的转化率。完成这一任务后，我们将掌握店铺首页的布局方法、添加模块及修改模块的方法。

◆ 任务描述

装修店铺首页，需要添加页面布局模块后再修改页面参数，其操作流程如图3-2-1所示。

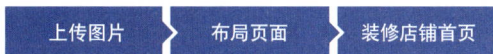

图3-2-1　装修旺铺简短首页的操作流程

活动一　上传图片至图片空间

淘宝网站免费为每个店铺提供了1 GB的素材存储空间，用于存储店铺中所需要的图片、视频、音乐、动图类素材，卖家可根据需要，将图片等素材分类上传到图片空间。这里的"上传图片"，是指将店铺的装修图片、商品的主图及详情图分类从本地计算机上传到"素材中心"，以提高访问图片的速度及便捷性。

1.打开图片空间

单击"千牛卖家中心"→"店铺管理"→"图片空间"，如图3-2-2所示。

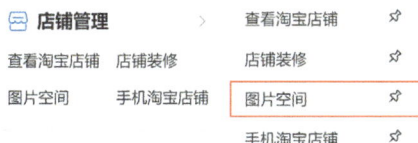

图3-2-2　打开图片空间

2.新建文件夹

单击"图片管理"→"新建文件夹"，输入"豆干"，即创建一个名为"豆干"的文件夹，如图3-2-3所示。在"豆干"文件夹下新建"手撕豆干主图""手磨豆干主图"等文件夹，用于对图片进行规范管理。

图3-2-3　创建图片文件夹

3.上传图片

选择"店铺装修"文件夹，根据页面提示将需要上传的图片上传，如图3-2-4所示。

图3-2-4　上传图片

装修手机端店铺首页

活动二　装修手机端店铺首页

在装修店铺手机端首页时，首先要添加店铺的模块，然后使用自己设计的或购买的模板进行装修。在使用自己设计的图片装修店铺时，需要将图片上传到图片空间；使用购买的模板装修店铺时，只需要"导入页面"即可一键完成店铺装修。下面将使用自己设计的图片来装修手机端首页页面。

做一做

查询三只松鼠手机端页面，了解该店铺首页由哪些模块构成，并分析这样设计的优点是什么，你的店铺首页需要哪些模块。

图3-2-5　首页模块

1.确定首页模块

在装修店铺之前，先参考等级高、销量大、流量多、有特色的店铺首页，再根据本店铺销售的商品、营销策略等来确定店铺模块。本店铺需要装修如图3-2-5所示的几个模块，其中店招、全部、底bar模块为固定模块，其他模块需要自己添加。

2.装修首页

①进入手机端装修页面。单击"千牛工作台"→"店铺装修"→"手机端—页面"→"手淘首页"→"装修页面"，如图3-2-6所示。

②修改店招模块。在手机页面装修模块中，单击"店招区域"→"店铺招牌"→"上传店招"，根据提

示上传图片即可，如图3-2-7所示。

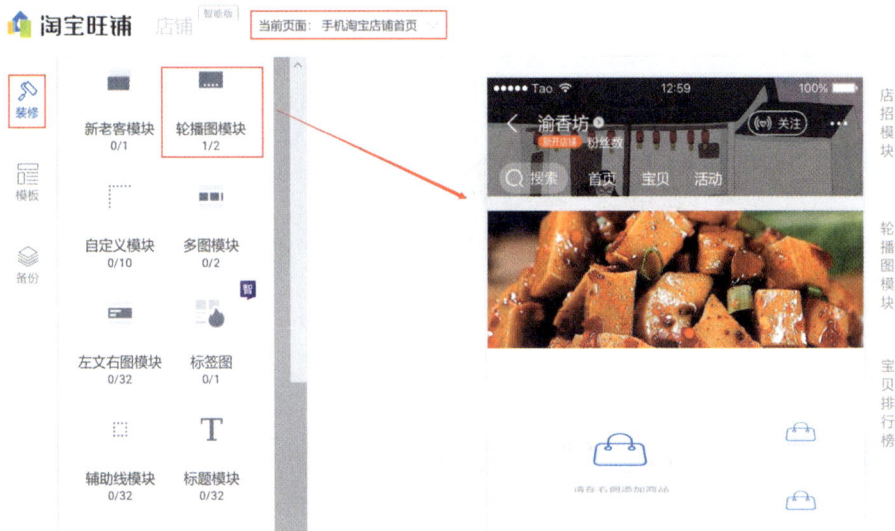

图3-2-6　手机淘宝店铺首页界面

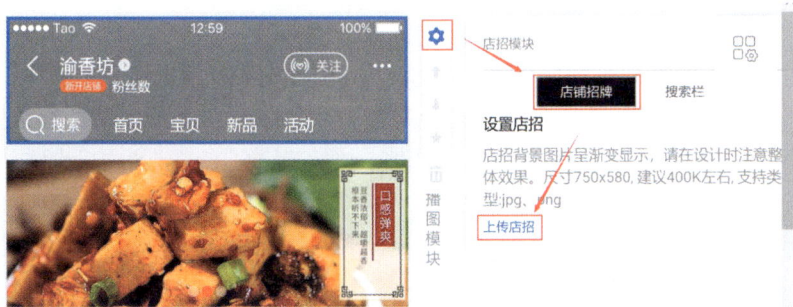

图3-2-7　修改店招

③添加并修改轮播图模块。单击"装修"→"模块"→"图文类"→"轮播图"模块，按住鼠标左键将其拖放到"店招"模块下方后松开；再上传需要轮播的图片，完成后如图3-2-8所示。

图3-2-8　修改轮播图

④添加并修改宝贝排行榜模块。单击"装修"→"模块"→"宝贝类"→"宝贝排行

榜"模块，按住鼠标左键将其拖放到"轮播图"模块下方后松开鼠标即可；再选择需要展示的宝贝，完成后如图3-2-9所示。

⑤在装修的过程中，随时保存，装修完成后单击"发布"按钮即可。

图3-2-9　修改宝贝排行榜

做一做

请完成优惠券模块和智能双列模块的装修。

活动三　装修PC端店铺首页

PC端首页的效果，是使用计算机打开淘宝店铺时展示的首页效果。PC端首页和手机端首页相比，具有呈现内容多、展现信息量大的特点。装修PC端首页时，仍然需要参考其他店铺首页模块，并结合自己店铺的商品、营销策略等确定自己店铺的首页模块。卖家可以使用自己设计的图片装修首页，也可以购买淘宝市场中设计师设计的首页模板，这里使用购买的首页模板装修页面。

做一做

调查三只松鼠旗舰店首页的模块，分析这些模块展现在首页中的意图，并将你的理解填写在表3-2-1中。

表3-2-1　模块的设计意图

模　块	设计意图

试一试

请上网查询你喜欢的店铺首页，分析首页中各模块的作用，设计自己店铺的首页布局。

1.确定首页布局

根据本店铺的特点，店铺首页布局如图3-2-10所示，我们将为店铺添加店铺招牌、图片轮播等模块。

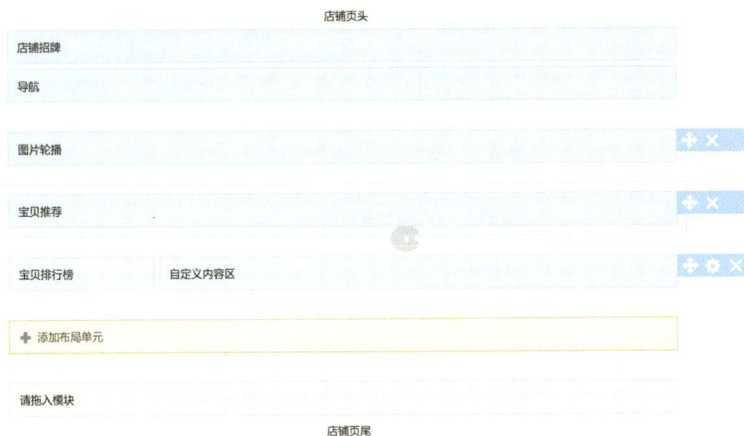

图3-2-10 PC端店铺首页布局

2.装修首页

①添加布局单元。单击"店铺装修"→"PC端"→"基础页"→"首页"→"装修页面"，如图3-2-11所示。

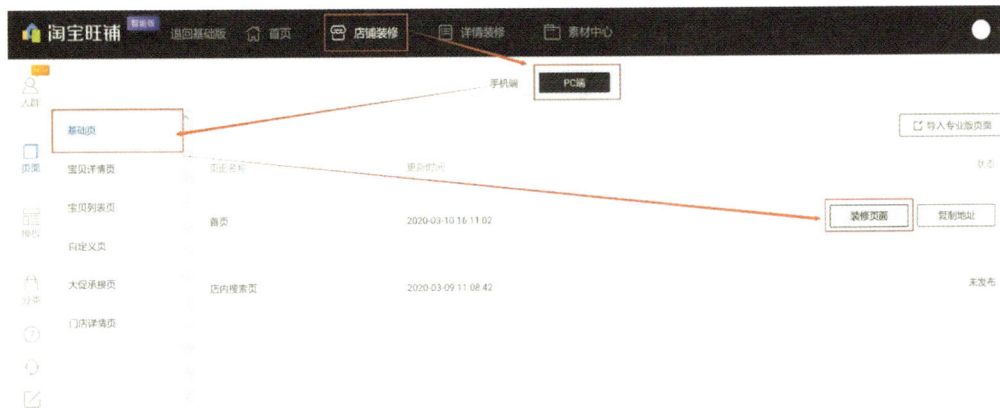

图3-2-11 进入PC端首页装修界面操作流程

②添加"布局单元"。添加两个"通栏"布局，一个分栏布局。

③添加模块。在模块中选择"图片轮播"，按住鼠标左键将其拖放到右侧的布局中，再将左侧的宝贝推荐、宝贝排行、自定义区模块拖动到右侧的布局中，如图3-2-12所示。

④购买首页模板。在店铺装修页面中单击"模块"→"设计师模板"，选择符合主题的一个模板，付款后即可使用，如图3-2-13所示。

⑤设置轮播图模块等模块内容，操作方法和手机端首页操作相似。

做一做

请完成搜索页的装修。

图3-2-12　添加布局及模块

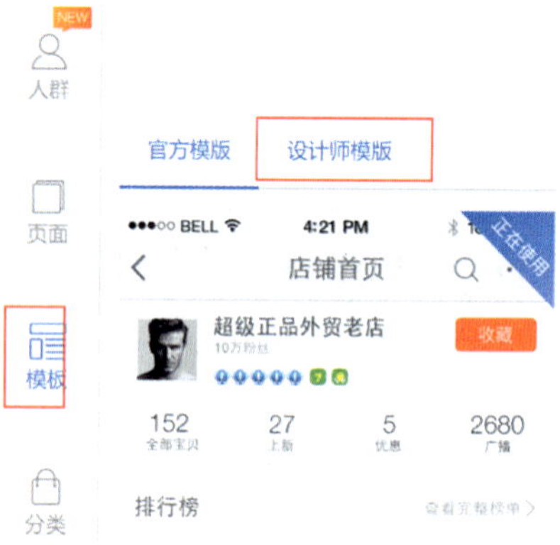

图3-2-13　选购装修模块的方法

［任务三］

装修商品详情页

◆ **任务描述**

　　商品要能在淘宝店铺中售卖，需要先发布商品，即上传自己拍摄及设计的商品详情页图片，并填写商品信息。发布商品后，需要调整各个模块的位置，即装修详情页，使商品能更好地呈现在买家面前。完成这一任务后，我们将掌握发布商品及装修详情页的流程与方法。

◆ 任务实施

发布商品要经过几个流程，即设置商品的分类管理及显示目录、上传商品图片至图片空间、填写商品的基本信息、装修详情页，其操作流程如图3-3-1所示。

设置宝贝分类管理 ＞ 上传商品图片及其他信息 ＞ 装修详情页

图3-3-1　发布商品的操作流程

活动一　设置宝贝分类管理

淘宝网站中有服装、家电、食品等分类信息，这些分类信息在淘宝网站上称为"淘宝类目"，"淘宝类目"决定店铺销售商品在淘宝网站上显示的大类信息，便于买家查看商品大类并从中搜索商品详情。而个人店铺中的分类信息称为"商品类目"，它决定销售商品在店铺中分类摆放的位置。"商品类目"的优劣决定了消费者查看商品的速度及便捷性，即直接影响转化率。

设置宝贝分类管理

做一做

登录淘宝网，写出淘宝网站中的类目（至少写出10种）。

1.宝贝的分类原则

宝贝分类要从消费者购买习惯出发，最大限度地方便消费者的选购，并保证宝贝分类的科学性。宝贝分类有4个层次，一级类目、二级类目、三级类目和小类目。

做一做

××淘宝店铺销售"小猪班纳"品牌童装，其发布商品时选择如图3-3-2所示的类目，观察图中内容，写出该商品的一级类目、二级类目、三级类目名称。

图3-3-2　商品类目信息

一级类目：＿＿＿＿＿；二级类目：＿＿＿＿＿；三级类目：＿＿＿＿＿。

2.设置"宝贝分类管理"

"宝贝分类管理"是对店铺中的商品进行分类管理，以便消费者便捷地查看商品信息，从而提高购物体验的满意度和转化率。可以按照宝贝的品牌、用途、价格、时间、属性等进行分类管理。

①单击"千牛卖家中心"→"店铺管理"→"分类"，如图3-3-3所示。

图3-3-3 选择宝贝分类管理类目

②添加"主类目"。单击"分类管理"→"添加手工分类"，输入类目名称，如图3-3-4所示。

图3-3-4 添加"一级类目"

③添加"子分类"。单击"分类名称"前的"▶"，输入类目名称，如图3-3-5所示。

④完成后单击"保存更改"按钮，即添加了分类名。

做一做

上网查一查以下4个店铺，分析各店铺中商品是按什么属性进行分类的，并将其分类原则填写到表3-3-1中。

图3-3-5 添加"二级类目"

表3-3-1 店铺的分类原则

店 铺	分类原则	备 注
GXG官方旗舰店		
卓辰数码旗舰店		
酷宝贝999店		
凰巢食品旗舰店		

活动二 发布宝贝

阅读有益

发布宝贝，是指卖家将商品的图片、视频及文字信息上传到网店中，编辑商品信息后将其上架或放入"仓库"中，为销售做最后准备。这里以上传手磨香菇豆干为例，介绍发布宝贝的流程。

1.选择"发布宝贝"

单击"千牛卖家中心"→"宝贝管理"→"发布宝贝"，如图3-3-6所示。

2.选择类目

在类目搜索中输入"豆腐干"，选择搜索后显示的一个类目（本商品将其归为零食类更合适，因此这里选择第一个类目），单击"下一步，发布商品"，如图3-3-7所示。

图3-3-6 选择"发布宝贝"

发布宝贝

图3-3-7　选择商品类目

3.编辑商品信息

（1）填写宝贝基础信息

在宝贝标题处输入"渝记 重庆特产零食小吃500 g包邮 手磨香菇豆干制品小包装散装"，然后填写商品的包装方式等信息（信息的填写要求准确），如图3-3-8所示。

设置产品标题

图3-3-8　填写商品基础信息

知识窗 🔍

宝贝标题是商品名称（关键词+装饰词）的总称，其长度不能超过60个字节。关键词是淘宝网站搜索时抓取的词语，标题可采用以下组合方式，见表3-3-2。

表3-3-2 宝贝标题的组合形式

标题组合形式	举 例
营销词+属性/修饰词+关键词+类目词+…+核心关键词+营销词	【保价双12】单反数码照相机佳能EOS 700D套机（18~55 mm）行货
品牌词/第二节词/促销词+属性相关词+长尾词	瑞士天梭新款卡森系列女表时尚潮流自动机械表
突出优势的词+迎合买家目的+属性+关键词	2020冬装新款女装韩版修身外套中长款狐狸大毛领连帽粉色羽绒服
扩展关键词+属性关键词+核心关键词	新品女冬装徽章宽松长款毛领羽绒服外套Five Plus2016 2HM5330170
品牌/季节/特色+属性+风格+类目+营销词	外贸童装男童棉衣外套长袖拉链加厚儿童保暖棉上衣秋冬特价清仓
品牌词+主词+热词+属性词+长尾关键词	That's all轻薄款羽绒服女2016新款长袖纯色短款连帽大码户外女装外套

商品标题中包含关键词，关键词通常情况下包含属性关键词、促销关键词、品牌关键词，其具体信息见表3-3-3。

表3-3-3 商品关键词类别信息

类 别	描 述
属性关键字	关于商品的名称或俗称，商品的类别、规格、功用等介绍商品基本情况的字或者词
促销关键字	关于清仓、折扣、甩卖、赠礼等信息的字或者词
品牌关键字	包括商品本身的品牌和店铺的品牌

ZHISHICHUANG

📖 **读一读**

在商品标题中，部分限制类词语是不能写在标题中，尤其是《消费者权益保护法》中提到的限制词语不能加入到标题甚至是详情页中的，否则宝贝将会直接下架并且会扣除相应的信誉分。极限词是指最大化的词语。例如与"最"相关的最好、销量最高等，与"一"有关的全网第一、唯一等，与"级/极"相关的国家级、全球级、世界级等，与"首/家/国"相关的首个、首选等，与品牌相关的大牌、金牌等词语。

（2）编辑销售信息

商品的销售信息即商品的参数信息，衣服的型号、食品的口味、鞋子的尺寸等属于商品的销售信息，正确设置商品的销售信息有益于买家选购商品。设置商品销售信息时应按现有库存据实填写。

填写本店铺的销售信息时需要添加或选择商品的口味。添加"口味"的方法：在"口味"处输入"麻辣味"→选择"添加"→填写价格及数量等，如图3-3-9所示。

图3-3-9　填写销售信息

说一说

图3-3-10中的羽绒服有哪些销售信息？

图3-3-10　某羽绒服商品信息

（3）上传商品的图文描述

在上传商品的图文描述时，一是上传宝贝图片，二是上传主图视频，三是加上文字描述。无论是添加哪一类图文描述，都必须按照要求添加资料，如添加图片时，就只能上传5幅图片，包含1幅主图、1幅宝贝白底图和3幅其他图片；添加视频时，就只能添加60 s时长的视频。

①上传电脑端图文信息。在图文描述处，单击图文描述处的电脑端宝贝图片→上传图片→手撕豆干主图→选择图片即可。操作界面如图3-3-11所示。

图3-3-11　上传商品图文描述

②设置手机端页面。电脑端页面做好后，可一键生成手机端页面。

（4）设置支付信息

在支付信息处，根据需要设置支付信息，如图3-3-12所示。

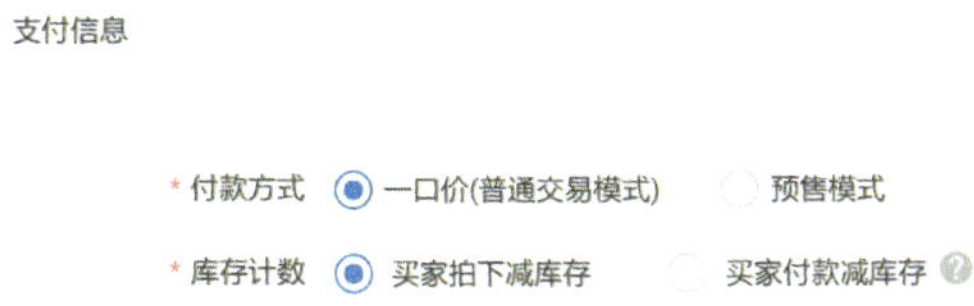

图3-3-12　设置支付信息

想一想

哪些时候需要设置预售模式？请举例说明。

（5）设置物流信息

物流信息是按重量、体积或件数计算的，每个快递公司的计费标准不同，可通过"快递之家"网站进行资费查询；同时，快递费用还与配送数量成反比关系。现以按重量设置运费为例，根据快递公司的价格清单设置好始重、续重的费用，可减轻工作量。具体操作步骤如下：

①在提取方式处的"使用物流配送"处打钩→单击"新建运费模板"，进入到运费模板设置页面，如图3-3-13所示。

图3-3-13　新建运费模板

②在模板名称中输入如图3-3-14所示的信息，单击"保存并返回"按钮并返回到宝贝描述页面。运费需要根据物流公司的费用标准准确填写。

图3-3-14　设置运费模板信息

③在运费模板中选择如图3-3-15所示的"重量计费"运费模板，即可按照此模板设置的资费标准收取运费。

图3-3-15　选择运费模板

做一做

快递费用是影响网店利润的关键因素之一，在设置网店运费模板时，需要仔细核算运费，与快递公司商谈好运费标准，建立良性的合作关系，提高店铺的利润。请查一查韵达、圆通、中通、天天、EMS等快递公司的运费标准，选择合适的合作快递公司，并在网店后台新建运费模板。

（6）设置其他信息。

设置售后保障信息及宝贝其他信息后发布商品，如图3-3-16所示。

售后服务

售后服务	☐ 提供发票
	☐ 保修服务
	☑ 退换货承诺　凡使用支付宝服务付款购买本店商品，若存在质量问题或与描述不符，本店将主动提供退换货服务并承担来回邮费
	☑ 服务承诺：该类商品，可支持【七天退货】服务　承诺更好服务可通过【交易合约】设置
* 上架时间	定时上架的商品在上架前请到"仓库中的宝贝"里编辑商品。
	● 立刻上架　　○ 定时上架　　○ 放入仓库

☐ 0　｜　保存草稿　　提交宝贝信息

图3-3-16　设置宝贝其他信息

活动三　分销1688平台中的商品

由于1688商品供应平台也属于阿里巴巴集团，淘宝卖家可以申请与1688平台供货商建立代销关系。在获得供货商的同意后，淘宝卖家只需要将1688平台供货商的商品信息传到淘宝平台中，当有买家在淘宝网中购买该商品后，淘宝卖家再从供货商处发货给买家，从而实现分销，如图3-3-17所示。

1.分销商入驻

单击"千牛卖家工作台"→"货源中心"→"分销管理"→"分销商入驻"，如图3-3-18所示，在弹出的页面中完善联系人信息即可。

分销1688平台中的商品

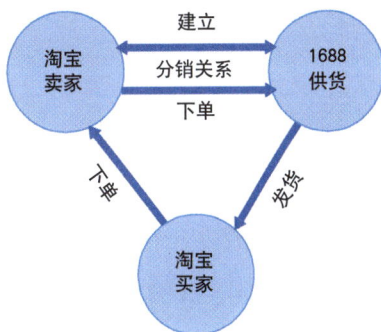

图3-3-17　分销模式图

图3-3-18　分销管理

2.建立分销关系

在建立分销关系时，可以多找几个分销商，这样可以找到更多、更合适的商品。这里以与重庆渝记建立分销关系为例，介绍建立分销关系的方法。

①单击"千牛卖家工作台"→"货源中心"→"批发进货"，进入1688平台，选择货源。

②在搜索栏处输入"重庆渝记"→单击"搜索"按钮，在弹出的页面中选择重庆渝记食品的一个商品（见图3-3-19），进入到供应商页面。

图3-3-19　选择商品供货商

③进入到供应商店铺中，找到并单击"我要代发"，如图3-3-20所示，即与重庆渝记食品有限公司建立分销关系。

图3-3-20　建立分销关系

④进入1688淘管家页面，在"我的供应商"中就能看到自己的供应商。

🔍 做一做

在1688平台中，查找其他满意的供应商，并与供应商建立分销关系。

3.查找货源

在供应商店铺中，选择你要分销的商品，单击"一键铺货"即可，如图3-3-21所示。

图3-3-21 一键铺货

活动四 装修详情页

从1688供应商传到淘宝店铺中的商品，其详情页需要调整（即装修）后才能发布。调整的内容主要有添加、修改模块的信息，调整各个模块的位置等。具体操作方法为在千牛工作台中，单击"店铺管理"→"店铺装修"→"详情装修"，如图3-3-22所示为手机端详情页的操作。

图3-3-22 进入详情页界面

1.设置主图视频

主图视频包含两类，一类是主图视频文件，另一类则是主图图片文件。单击"设置主图视频"，如要添加主图视频及图片，必须要按照其具体要求，才能上传到网店中。

2.修改详情页

①添加"细节材质"模块。在详情页装修中，单击"行业模块"→"细节材质"→选择一个模块拖放到详情页中，如图3-3-23所示。

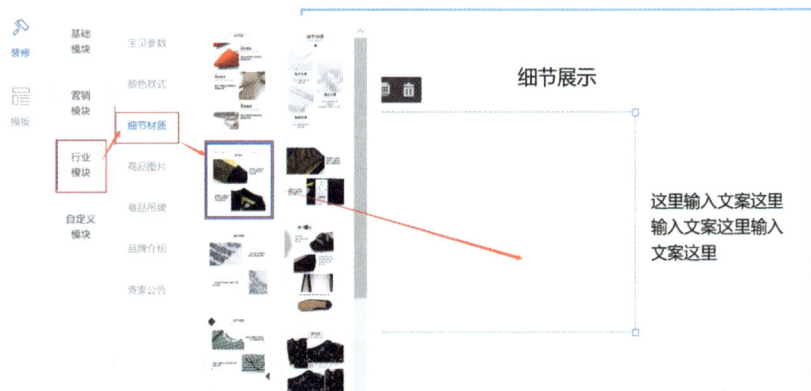

图3-3-23 进入详情页界面

②修改细节材质模块信息。在详情页中，可上传图片，修改文案信息，完成细节材质模块的装修，完成后如图3-3-24所示。

图3-3-24　修改细节材质模块信息界面

阅读有益

快乐成长

图3-3-25　商品详情信息

做一做

请添加一个"宝贝参数"模块，参照图3-3-25修改参数信息。

③调整模块位置。使用上移、下移的方式调整各模块的位置。

[任务四]

NO.4

管理店铺信息

◆ **任务描述**

店铺中的宝贝开始出售了。卖家除可以使用"淘宝后台"对本店铺中的宝贝进行管理外，还可使用"千牛工作台"管理、运营店铺。完成这一任务后，我们能下载并安装千牛软件，使用"千牛工作台"管理店铺。

◆ **任务实施**

在淘宝网站中，使用"千牛工作台"可以查看数据、管理员工，并和卖家进行沟通等。怎么使用"千牛工作台"对店铺进行管理呢？其基本流程图如图3-4-1所示。

图3-4-1 管理店铺流程

活动一 下载并安装软件

"千牛工作台"整合了员工管理、服务市场、微淘、聚星台等内容，还引入了多个插件，是集多个功能于一体的卖家管理平台，但是在实际工作中主要用于客户接待，以及连接淘宝工具的各个端口。"千牛工作台"软件可以为不同的员工分配不同的权限，既为员工分配了不同的权限，又可保障安全。

①进入"千牛"网官网→"下载使用"→选择"电脑客户端下载"/"手机客户端下载"→"Windows版"/"Mac Beta版"→保存到盘符中，如图3-4-2所示。

图3-4-2 下载"千牛工作台"

②安装"千牛工作台"。双击安装程序，根据提示完成安装。

活动二 运用软件管理店铺

使用"千牛工作台"管理员工信息。"千牛工作台"具有强大的功能。在员工管理中，系统默认设置了客服、客服主管、运营、美工、财务、纯正导购员、其他共7个岗位的岗位权限及职责，当然还可自主定义岗位并描述其岗位权限及职责。下面，我们将在店铺中添加一个"客服"。

①双击"千牛工作台"图标启动软件，启动软件→登录"千牛工作台"→店铺→子账号管理，如图3-4-3所示。

②在账号管理页面中，单击 "新建员工"，填写员工基本信息及权限，如图3-4-4所示。

图3-4-3 打开员工管理子界面

图3-4-4 新建员工账号

🔍 做一做

1.在购物过程中，当你主动和客服交流时，可能对方会很快回复一条消息，这是因为设置了信息模板；当有人咨询相关内容时，则可自动发送相关信息。你知道是怎么设置的吗？尝试设置问候信息、物流信息，以便在买家谈及这两个问题时能快速发送这两条信息。

2.在子账号中，设置客户的分流。

◆ 项目小结

本项目学习了创建店铺的全过程，了解了淘宝店铺的运营及管理规则，掌握了创建店铺、装修店铺、管理店铺的方法。但是在创建店铺及上传商品的过程中需要注意以下几点：

①年满16周岁具有持本人身份证办理了银行卡的公民才具有创建淘宝店铺资格。

②应尽可能优化店铺名称及商品名称，最好能提高店铺及商品的搜索排名。

③应遵守淘宝销售规范，合理销售商品，而对于散装食品等部分特殊商品在淘宝网站上销售必须具有相应的经营许可证。

④使用相应的大数据软件对数据进行分析处理，可全方面了解商品信息、客户信息，进一步提高商品的销售额度。

◆ 身边的案例

安徽省埠市固镇县新马桥镇湖洼村一村民是退伍军人，离开部队后决定回到家乡创业。他创建了网店，利用互联网将自己养殖的鹌鹑蛋对外销售。使用网店销售鹌鹑蛋以来，其销售额翻了一番，电商创业让这位退伍军人看到了在乡村致富的希望。这种模式也将家乡的农特产品推向了全国，创造了财富。

◆ 项目检测

一、选择题

1.支付宝登录密码是用户打开支付宝个人账户的钥匙，正确的支付宝登录密码设置格式是（　　　　）。

A.5A6B_　　　　　　　　B.7a　158A　　　　　　C.865057896　　　　　　D.Hell75_36

2.以下可作为自己的淘宝店铺名称的是（　　　　）。

A.谭木匠　　　　　　B.深圳服饰　　　　　　C.三只松鼠　　　　　　D.渝香记

3.在描述商品信息时，要求商品描述必须真实，以下情况属于商品真实描述的是（　　　　）。

A.卖家未对商品瑕疵等信息进行披露　　　　B.卖家未说明保持期、保质期

C.卖家对附带品作了详细说明　　　　　　　D.卖家未对商品型号作详细说明

4.以下不属于淘宝提供的运费类别是（　　　　）。

A.一般运费　　　　B.配送安装运费　　　　C.货到付款运费　　　　D.快递运费

二、填空题

1.凡是年满_____周岁的海内外人员均可在淘宝网店上注册网店。

2.淘宝网店为消费者提供了消费保障，卖家需要在缴纳_____才能为消费者提供保障，最低缴纳_____元。

3.宝贝分类是从有利于商品销售出发，商品分类包含四个层次，分别是一级类目、二级类目、_____、_____。

4.宝贝标题是商品名称的总称，其长度不能超过_____个字节。

5.宝贝标题中的关键词有三种排列方式，分别是_____、第一关键词+空格+第二关键词、第一关键词+第二关键词+促销优惠+其他。

6.请列举三类不能在淘宝网站上销售的商品：_____、_____、_____。

7.千牛工作台是具有_____、_____、微淘_____于一体的店铺运营管理软件。

三、实操题

1.申请并设置淘宝店铺基本信息。

2.请完成手机端及PC端店铺首页装修。

3.在阿里巴巴平台中寻找商品并上传到网店中。

4.装修商品详情页。

5.成功销售一件商品。

◆ 项目评价

项　目	标　准	配分/分	得分/分
创建店铺	成功创建淘宝账户及支付宝账户	5	
	完善PC端及移动端店铺基本信息	10	
	成功缴纳了"消保保证金"	5	
装修店铺首页	装修店铺手机端首页	10	
	装修店铺PC端首页	10	
装修详情页	创建图片素材管理文件夹，上传图片到素材中心	10	
	发布商品	10	
	到1688供应商分销商品	10	
	装修商品详情页	10	
管理店铺信息	下载并安装了千牛工作台	10	
	成功销售一件商品	10	
总　分		100	

项目四
优化店铺流量

【项目概述】

小林开展促销活动期间，店铺流量增加了不少，但活动结束后不久，店铺的流量又降低了，稳定店铺流量是小林急需解决的问题。小林决定从分析本店流量数据入手，查找消费人群的上网特点，分析访客的去向原因，有的放矢地提出解决方案。在本项目中，将学习分析店铺流量的方法，制订流量投放计划，优化标题、优化页面及优化评价的方法。

【项目目标】

知识目标

了解淘宝网站商品搜索排名的规则；

了解淘宝店铺流量的来源渠道；

掌握淘宝店铺优化流量的方法。

技能目标

能分析店铺流量数据并合理规划流量投放方案；

能优化商品标题；

能优化店铺的首页及其他页面；

能处理店铺中的好评和差评。

思政目标

让学生养成诚信经营的习惯；

培养学生的审美意识，提升创造美的能力；

在优化流量的过程中培养学生的人文素养。

［任务一］

制订流量投放计划

◆ 任务描述

本店铺开店以来，店铺流量有较大提升，分析店铺中流量的组成，既可了解本店铺流量的来源，还可合理地规划本店铺的流量。完成这一任务后，我们将会分析店铺流量的结构，并能制订店铺流量规划方案，为优化流量做好总体的规划。

◆ 任务实施

淘宝店铺流量来源有很多，分析店铺流量并判断流量需求，是规划流量投放方案的前提。其基本流程图如图4-1-1所示。

分析店铺流量来源 ▶ 规划流量投放方案

图4-1-1 制订流量投放计划流程图

活动一 分析店铺流量来源

1.店铺流量

店铺流量是买家访问店铺的访客数，即某时间段内该店铺被买家浏览的次数。流量按是否收费分为免费流量与付费流量，根据流量来源的位置则分为站内流量与站外流量。店铺流量来源见表4-1-1。

店铺流量数据分析

表4-1-1 店铺流量来源

来源范围	付费/免费	具体来源
站内	免费	淘宝搜索、天猫首页、宝贝收藏、淘宝试用、全球购、淘宝直播等
	付费	直通车、钻石展位、淘宝客等
站外	免费	论坛、微博、贴吧、朋友圈、老顾客
	付费	第三方软件

🔍 做一做

请根据表4-1-2的描述，填写其流量来源。

表4-1-2　流量来源信息表

序号	描　述	流量来源
1	在淘宝首页搜索栏处搜索商品进入店铺	
2	天猫首页上的宣传图片	
3	从我"收藏的店铺"进入到店铺	

2.查看流量来源

淘宝网提供的查看流量来源的方式有生意参谋、阿里指数。生意参谋是淘宝官方提供的免费数据分析工具，下来将介绍使用生意参谋查看流量的方法。

①打开"个人店铺"→"营销中心"→"生意参谋"，如图4-1-2所示。

②打开"生意参谋"首页选择"PC流量"，查看PC端、无线端的流量来源。图4-1-3为2020年1月6日店铺流量截图。

图4-1-2　点击生意参谋按钮

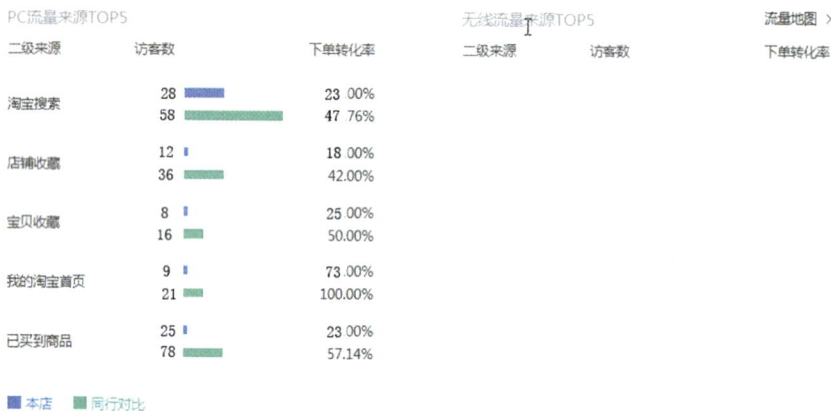

图4-1-3　店铺流量分类显示

做一做

仔细分析图4-1-3，填写表4-1-3中的内容。

表4-1-3　店铺流量分析

免费流量来源	访客数	存在的困难	解决方案
淘宝搜索			
店铺收藏			
宝贝收藏			
我的淘宝首页			

③查看流量地图，分析各类流量的数量。单击"生意参谋"→"经营分析"→"流量地图"，如图4-1-4所示。

图4-1-4 流量地图

试一试

查看自己店铺的流量来源，并分析流量跳转路径。

---

④分析流量转化率。单击"数据中心"→"生意参谋"→"交易"→"交易概况"，如图4-1-5所示。

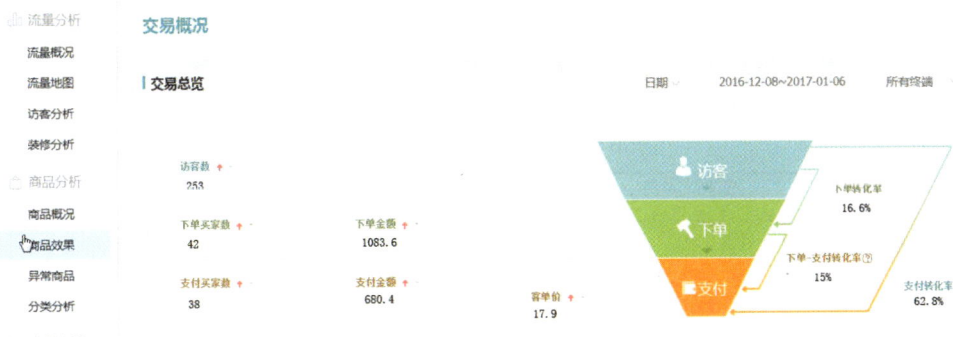

图4-1-5 交易概况

做一做

分析图4-1-5，完善表4-1-4中的信息。

表4-1-4 店铺转化率分析

类 别	数量	解决措施
访客数		
下单数		
支付数		

规划流量投放方案

活动二　规划流量投放方案

1.规划投放流量流程

制订店铺流量投放方案及优化流量均需根据本店铺的销售额、客单价、单数、访客数、自然流量、付费流量等数据确定其值。其流量规划关系图如图4-1-6所示。

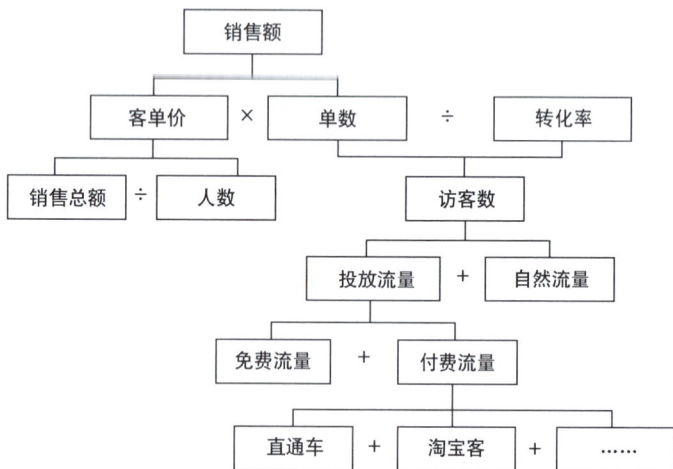

图4-1-6　流量规划关系图

2.规划流量投放方案

下面将以本店为例，介绍流量投放方案的制订方法。

（1）分析店铺流量概况

劳动节即将来临，本店铺计划2021年5月销售额突破10 000元，根据生意参谋的数据分析，现本店铺的客单价为36元/人，转化率为5%，店铺现有流量为60个。

（2）规划流量投放比例

计划每天付费引入流量100个，其规划见表4-1-5。

表4-1-5　2021年5月流量规划表

销售额	10 000元		客单价	36元
日成交单数	10笔		转化率	5%
日流量	200个		现有日流量	60个
免费流量	40个/天			
付费流量	100个/天		计划费用	1 000元
	直通车	60个/天	淘宝客	40个/天

🔍 做一做

某服装店铺计划于2021年情人节（前三天）销售商品12 000元，其店铺的客单价为248元，现店铺平均日流量为50个，计划投入1 400元在情人节（前三天）引流，请为该店铺做一份"流量规划表"，将信息填写在表4-1-6中，并阐述其理由。

表4-1-6 某店铺流量规划表

销售额			客单价	
日成交单数			转化率	
日流量			现有日流量	
计划引进流量			计划费用	
免费流量				
付费流量			淘宝客	
	直通车			

快乐成长

［任务二］ NO.2

优化商品类目与标题

◆ 任务描述

买家在淘宝网搜索商品时，会通过在搜索栏输入关键词查找商品；淘宝网则根据买家输入的关键词，猜测买家的购买意图，对卖家店铺中与关键词类目相同、相近的商品进行排名，再将商品展现出来，让买家挑选、购买商品。商品的类目准确、标题好，与搜索的关键词匹配度高，搜索排名就靠前，获得的流量也就多，权重就大。因此，小林决定优化店铺中的商品类目与标题。完成这一任务后，你将掌握优化商品类目和优化商品标题的方法。

◆ 任务实施

在淘宝网中，优化商品类目和商品标题是优化搜索流量的有效方法之一，如图4-2-1所示。

优化商品类目 > 优化标题

图4-2-1 优化搜索流量流程图

活动一 优化商品类目

淘宝网的商品信息存储在数据库中，当买家在淘宝网站上输入关键词搜索商品时，系统会根据关键词猜测买家想要购买的商品，然后在系统中查找商品。在查找商品时，会先检索关键词所属的类目，因此商品的类目必须准确，如果类目不准确（如食品类的商品放

优化商品类目

入了服装类），即使商品标题做得再好，也不能获得展现权。

1.了解数据的存储结构

商品有多个信息，为了有效地管理商品信息，在数据库中，常见的数据库存储结构见表4-2-1。

表4-2-1　数据存储结构

商品ID	一级类目	二级类目	三级类目	四级类目	标题	……
122405	零食	豆干	豆腐干	CMS	XX	……
122411	熟食	熟食/凉菜/私房菜	豆腐干/香干	羊角	……	……
……						

2.修改商品的类目

优化商品类目可获得搜索流量。每一个商品对应一个最优类目，淘宝优先匹配最优类目。

当确定要优化商品的类目时，需要到"千牛工作台"中修改商品类目。

①进入商品类目修改界面。打开"千牛工作台"，单击"宝贝管理"→"仓库中的宝贝"，可查看店铺中未发布的宝贝。

②选择需要修改类目的商品→"编辑商品"，进入到发布宝贝页面。

③单击"切换类目"按钮，在对话框中重新输入关键词后搜索，选择优化后的类目，再次发布商品即可，如图4-2-2所示。

图4-2-2　重新优化类目

做一做

请为表4-2-2中的商品选择最优类目，填写在表格中。

表4-2-2 确定商品类目

商 品	最优类目
豆干	
矿泉水	
瓜子	
牛肉干	

知识链接

【友情提示】 错放类目将导致搜索流量流失。

活动二 优化商品标题

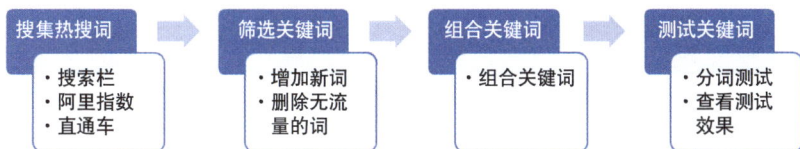

因购买人群喜好的变化，商品会随着买家的喜好发生变化，搜索商品的关键词也会随时发生变化。因此，适时优化商品标题能增加更多的自然流量，增加商品的权重。优化商品标题的流程如图4-2-3所示。小林将对手撕豆干的标题"重庆卤香手撕豆干 散装零食香干豆腐干"进行优化。

优化商品标题

图4-2-3 优化商品标题流程图

1.搜集热搜词

搜集热搜词时，可以通过生意参谋、直通车、阿里指数等工具查看近期的热搜词、关键词，查看排行靠前的商品名称。还需要查看淘宝的搜索下拉框出现词语，这些词语是近期的热搜词。下面将通过阿里指数和淘宝的搜索下拉框来搜集关键词。

①打开阿里指数，在搜索栏中输入"豆干"及"豆腐干"，如图4-2-4所示，搜集其对应的搜索关键词，见表4-2-3。

图4-2-4 阿里指数搜索下拉框页面

②在阿里排行页面，将近期的热搜榜、商品交易排行榜、商品流量排行榜（见图4-2-5）中与本商品相关的关键词整理出来，见表4-2-3。

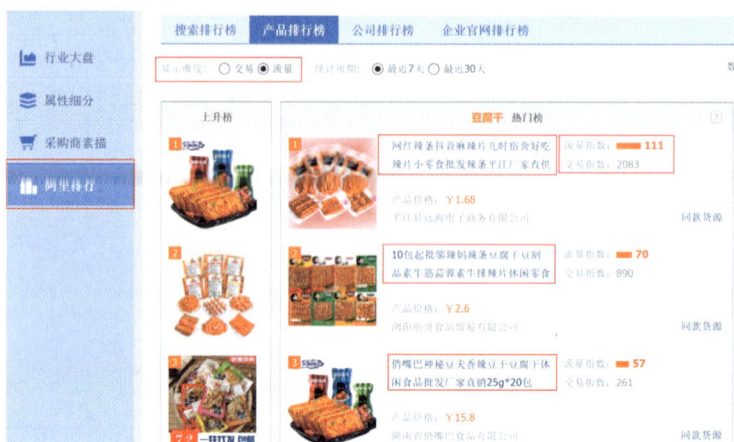

图4-2-5　阿里指数中的豆腐干产品流量排行榜页面

③打开淘宝网，在搜索栏中输入"豆干/豆腐干"，如图4-2-6所示，将与商品相关的关键词记录下来，见表4-2-3。

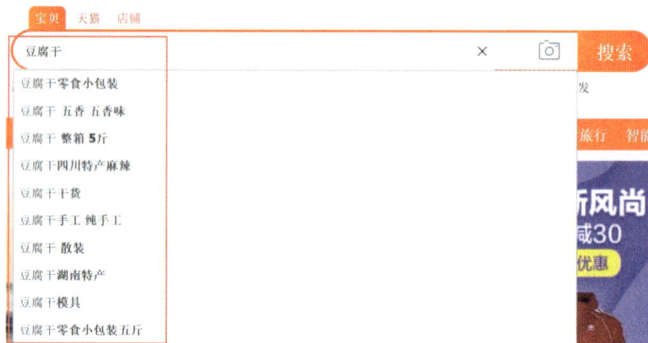

图4-2-6　淘宝搜索"豆腐干"的页面

④分析热卖商品的标题。通过关键词搜索商品后，在弹出的页面中选择排行靠前、销售量高的产品，如图4-2-7所示，分析商品的标题，将自己商品中没有的词语提取出来，见表4-2-3。

图4-2-7　关键词"豆腐干"搜索产品排行榜

表4-2-3 搜集整理关键词

阿里排行榜中的词语		淘宝搜索热词		分析热卖商品标题	
豆干	网红辣条	零食	小包装	网红	休闲食品
豆腐干	厂家直销	小包装	（纯）手工	小吃	鸡蛋干
豆制品	小零售	××特产	四川特产	小包装	商品品牌

2.筛选关键词

筛选搜集到的关键词，保留搜索人气高、转化率高、点击率高、交易指数高、直通车出价高的词语，删除没有流量、没有转化率的语句。表4-2-4为删除部分关键词后留下的关键词。

表4-2-4 筛选关键词

阿里排行榜中的词语		淘宝搜索热词		分析热卖商品标题	
豆干			小包装	网红	休闲食品
豆腐干			（纯）手工	小吃	
豆制品	小零售	××特产		营销词语	商品品牌

3.组合关键词

在组合关键词形成商品标题时，删除长期没流量的词或是有流量没成交量的词，保留流量转化较好的关键词，拓展流量和转化都不错的关键词，添加下拉框变化的词、飙升词、潜力词。

小林的商品为"重庆卤香手撕豆干 散装零食香干豆腐干"，现在加上筛选出来的关键词，组合出新的商品标题。

①删除没有流量的词语。分析商品标题中的关键词，标题中有"重庆""卤香""手撕""豆干""散装""零售""香干""豆腐干"，经过店铺中的数据分析，"香干"基本上没有给店铺带来流量，因此决定删除此关键词，保留其他词语。

②拓展流量和转化较好的关键词，即加上搜集到的原标题中没有的关键词。这些词语有：小包装、休闲食品、手工、小吃、豆制品、重庆特产、渝记。

③组合商品标题，按紧密排列、空格无关、顺序无关的规则进行排列，标题最多只能有30个汉字（即60个字符）。按商品标题的组合规则，新组合的商品标题为"重庆特产渝记手撕豆干小包装豆腐干手工豆制品卤香零食休闲食品"，共29个汉字。

阅读有益

4.分词测试

在对新标题进行分词测试时，先对核心的关键词进行测试，然后选择2~3个关键词组合后再进行测试，可以形成二级关键词、长尾词，通过搜索这些关键词查看自己店铺商品的排名，从而确定标题的优劣。针对小林的商品标题"重庆特产渝记手撕豆干小包装豆腐干手工豆制品卤香零食休闲食品"，可以拆为表4-2-5中的词语来测试。

知识链接

表4-2-5　商品标题分词测试表

关键词类别	示　例
顶级关键词	豆干、豆腐干、豆制品等
二级关键词	手撕豆干、手工豆制品、渝记豆干、渝记豆腐干、小包装豆腐干、卤香零食、休闲食品等
长尾关键词	重庆特产渝记手撕豆干、手撕豆干小包装、渝记小包装豆腐干等

做一做

上网查一查表4-2-6中的商品，搜集本产品近期的热搜词、关键词，将其填写在表格中。

表4-2-6　填写商品关键词信息

商　品	关键词
牛肉干	
毛衣	
沙发	
自行车	

[任务三]

优化店铺页面

◆ 任务描述

小林的店铺经过优化流量后，店铺的流量增加了，可是转化率却并未提高。通过生意参谋分析访客数据，发现访客访问首页后就跳转出了店铺。小林决定优化店铺的页面，以提高本店铺的转化率。通过本任务的学习，我们将学习店铺视觉营销的要点，确定合理的页面优化目标并实施页面优化方案。

◆ 任务实施

优化店铺页面首先需要分析店铺的数据，了解消费者行为路径；然后制订优化页面的方案，再实施方案；最后检查优化页面的结果，过程如图4-3-1所示。

图4-3-1 优化店铺页面流程

活动一 分析数据

从整体结构来看，淘宝店铺页面主要分为首页、列表页和详情页。页面是如何影响转化率的呢？接下来，将以淘宝的店铺运营工具"生意参谋"为例解析店铺首页和详情页对转化率的影响。

在生意参谋中，可以通过查看访客访问店铺的页面数、停留的时间来分析本店铺页面存在的问题，为确定优化目标奠定基础。

1.查看数据

①打开生意参谋，单击"经营分析"→"流量概况"，设置时间，查看访客数据，如图4-3-2所示。可以看出，目前店铺经营状况欠佳，流量有了，但是跳失率太高。

图4-3-2 查看流量概况

②在生意参谋中，单击"流量地图"→"店内路径"，分析访客搜索路径，如图4-3-3所示。从分析图可以清晰地看到从首页和详情页进入店铺的流量状况及去向。

图4-3-3 店内路径流量分析

做一做

分析图4-3-3中的数据，分析流量的来源与去向有哪些？

首页流量来源是＿＿＿＿＿＿＿＿＿＿＿＿＿＿＿，去向是＿＿＿＿＿＿＿＿＿。

商品详情页流量来源是＿＿＿＿＿＿＿＿＿＿＿＿，去向是＿＿＿＿＿＿＿＿。

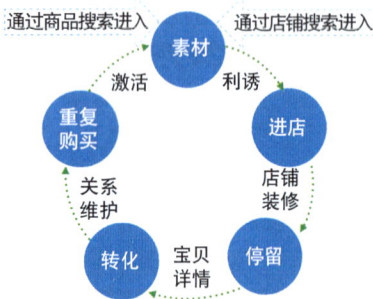

图4-3-4　消费者行为路径分析

2.分析数据结果

从图4-3-2中的流量跳失率和图4-3-3中的店内路径流量可以知道，店铺的页面转化率非常低。店铺的外观好比人的外表，其重要性不言而喻。店铺视觉营销中对消费者行为路径的分析如图4-3-4所示。

做一做

请结合自身购物经验，思考哪些原因会降低客户的购物热情？根据其影响的重要性为表4-3-1中对应的各项目定义星级（☆），最高五颗星。

表4-3-1　商品页面数据分析表

影响PC端页面的数据维度	标题	价格	属性	促销导购	描述	评价
影响无线端页面的数据维度	页面高度		图片数量		图片打开时长	

活动二　确定页面优化目标

优化页面涉及的范围包含店铺首页和商品详情页。在优化页面的时候要明确页面设计的5个类别，如图4-3-5所示。根据店铺页面设计类别，明确页面优化方向。

- 商品展示类　色彩、细节、优点、卖点、包装、搭配、效果
- 吸引购买类　卖点打动、情感打动、买家评价、热销情况
- 促销说明类　热销产品、搭配产品、促销产品、优惠方式
- 实力展现类　品牌、荣誉、资质、销量、生产、仓储
- 交易说明类　购买、付款、收货、验货、退换货、保修

图4-3-5　页面优化的5个类别

1.店铺首页优化目标

店铺首页优化目标在于降低页面跳出率，增加店铺首页的点击量，提升从首页到下单的转化率。优化店铺首页需要从以下几个方面入手。

● 店铺招牌：品牌展示窗口，给客户传递信任感，主要功能是定位产品和品牌。它的风格简约，以适量的文字推荐产品，如图4-3-6所示。

阅读有益

图4-3-6 食品店铺导航

● 导航区：按照店铺商品款式、价格、功能、类别、使用人群的不同进行导航标签设置。它可以包含如图4-3-7所示模式，其中品类感是本次的店铺页面优化确定的模式。

图4-3-7 导航模式

● 海报宣传栏：店铺海报有普通版和全屏版两种，该区域是店铺首页的重点区域，需要充分利用。买家进店后首先看到的就是该区，它的曝光率最高，渲染作用最为明显。此区域放置3~5个生动漂亮的海报宣传图，内容可以推荐近期店内的主推活动、产品，如换季热卖、满百包邮、收藏有礼、满就送等，如图4-3-8所示。

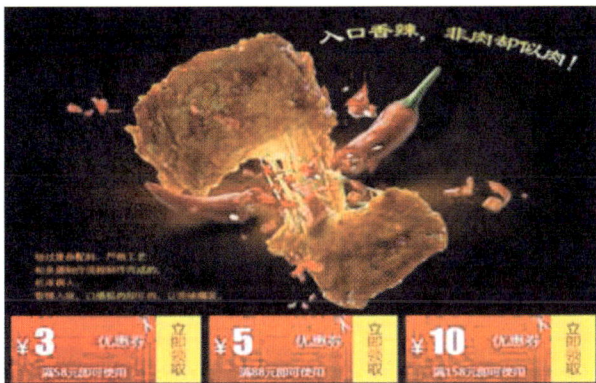

图4-3-8 宣传海报

● 搜索栏和客服咨询栏：有些买家属于目标型顾客，会直接选择目标产品，那么这个时候需要"搜索栏"，如图4-3-9 所示；有些买家会直接询问客服，解答自己的疑问，所以这两项要放在靠上的位置。

● 产品分类栏：位于首页左方的位置，主要是给买家提供引导、选择的索引。分类的方法多种多样，如按价格分、按种类分、按材料分、按包装分、按季节分等。如图4-3-10所示的产品分类栏是多种分类法结合的一种分类栏。

图4-3-9 搜索栏

图4-3-10 产品分类栏

> **知识窗** 🔍
>
> 在优化产品分类栏的时候需要注意以下几点：
>
> ①充分考虑产品属性和受众的浏览习惯。
>
> ②新品和特价分类尽量放在前面。
>
> ③分类不是越多越好，而是要明确、清晰区分一级分类和二级分类。
>
> ④不要出现无商品的分类。
>
> ZHISHICHUANG

● 宝贝推荐橱窗：这是非常重要的一个区域。必须让用户在这里尽快找到自己喜欢的产品，并去看单品详情页的内容，才能促进转化率，所以橱窗产品的陈列至关重要。

> **知识窗** 🔍
>
> 宝贝推荐橱窗的产品陈列优化原则包含：
>
> ①点击率优先。优先考虑把点击率高的宝贝放在上面，如果买家不点击，就没有产生转化的可能；此时不需考虑产品的转化率，因为宝贝的流量来源很多，从哪个渠道转化无法判断，只需要让更多喜欢这个产品的人点击进入即可。这样的优化可能会降低单品页转化，但是会提高全店转化，增加访问页面深度、增加停留时间。
>
> ②比较法则。当运营有需要必须让某个产品出现在海报或者是页面中比较靠前的位置来引入流量时，或者是首页有大流量需要进来时，就需要用比较法则来提升点击率。例如豆干有3个种类，可以分别用3个种类作为主图看哪个种类的点击率高，也可以使用宣传海报来进行点击率测试。
>
> 除了点击率高之外，还必须考虑这个产品的可销售性。如产品的某些品种断货，或者产品的宝贝描述评分不高，这样的产品需要排除在首页产品列表中，可以放到促销区等二级页面中。
>
> ZHISHICHUANG

2.产品详情页优化目标

淘宝买家通过首页的产品链接直接进入产品详情页面。产品详情页是提高转化率的首要入口。在进行详情页优化的时候需要注意以下几点。

（1）多角度展示产品信息

详情页的5张主图在进行优化的时候可以选择多角度实物图，清晰、主体突出地展示产品特征。也可以为了凸显品牌形象，为每张主图添加品牌标志。如果产品有促销活动还可添加明显的促销广告信息，如图4-3-11所示。

图4-3-11 产品主图样张

（2）挖掘产品卖点

淘宝搜索引擎系统可以将详情页的文字作为抓取结果展现在搜索结果页面。因此，淘宝卖家可以通过在详情页文案中增加某些关联词及热门关键词，从而提升店铺流量。

（3）增加客户体验等信息

为详情页的海报宣传图添加多主题的图文，从而增加可述性和客户体验，具体可以从以下几个方面着手：

①增加品牌故事或者生产商的故事。让客户和品牌产生情感联系，增加了品牌曝光度、产品可信度，刺激客户的购买欲。

②增加产品亮点介绍或者设计理念诠释，让买家更好地了解产品，增加图片的可读性。需要注意的是亮点介绍要分点写，安排好顺序（从上至下还是由内而外、先左及右等）。细节展示要配合细节图，这样才具有更好的可读性及参考性，如图4-3-12所示。

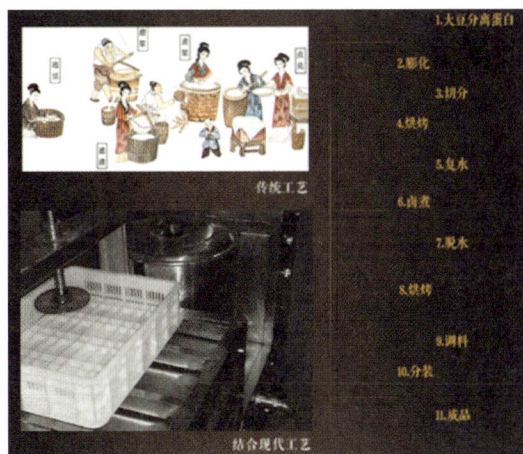

图4-3-12　产品生产工艺图

图4-3-13　属性细节描述

③增加属性细节文字描述，可以赋予某些属性特定的含义。补充发布产品宝贝中没有的细节属性，增加品牌形象。细节属性包含的内容有细节属性补充、某些属性的意象化（如颜色，每种颜色代表一种性格或者季节），还有文学渲染。需要注意的是让买家看图说话，不仅要配图，还得一一对应，尽量将一些跟属性有关的关键词写进去，如口味、尺寸、颜色等，如图4-3-13所示。

④增加原料或原产地描述，让买家更好地了解产品。可以添加一些关联性关键词（如豆干原料为非转基因大豆等），从而增加客户认可度，如图4-3-14所示。注意描述时要实事求是。

图4-3-14　原料描述

⑤增加功效介绍，有利于提高产品的转化率，解决部分客服问题。可以描述的内容包含主要功效、使用方法、制作工艺、清洗或者维修等附加内容。关键点是实事求是，最好

图文并茂。

🔍 做一做

根据小林店铺的首页和产品详情页装修图，结合小林店铺收集的数据信息，分析页面各模块的优化要点。

优化商品主图

1.店铺招牌：_____

图4-3-15　店铺招牌

2.首页宣传海报：_____

图4-3-16　首页宣传海报

3.首页其他模块：_____

图4-3-17　首页其他模块

4.产品主图：_____

5.详情页海报：_____

图4-3-18　产品主图

图4-3-19　产品详情页海报

活动三　制订页面优化方案及实施

页面优化不同于改版。改版是在原有基础上做较大的改变；而优化是"对症下药"，做些细节调整，快速提升效果。那么，我们该如何达到目标呢？

1.制订页面优化方案

页面优化的重点：首先，改变推荐商品的陈列方式、布局方式和详情介绍等；其次，突出单品的卖点、功效；最后，增加热门成分的内容。其具体优化方案参考表4-3-2。

表4-3-2　页面优化方案

优化项目	明细项目	优化内容实施		
首页页面	店招	店铺定位	活动信息	店铺优势
	导航	促销	分类	购买须知
	店铺海报	图像	广告词	促销活动
	店内搜索和分类	预设关键字	价格、品类分类	新款促销等分类
	宝贝推荐陈列	突显优势宝贝	清晰分区块引导客户	产品促销等特色活动展示
	客服模块	添加客服模块	设置客服其他联系方式	添加其他客服子账号
主图	确定五张主图	五张主图所放内容	五张主图的顺序	卖点清晰可见
详情页海报	梳理详情页描述逻辑	促销信息突出，突显店铺优势	多主题描述产品和品牌形象	图文并茂
	优化详情页描述	简洁明了	重点突出	凸显产品与品牌优势
其他	图文	挖掘产品卖点	挖掘消费者需求	挖掘产品、店铺独特性

知识窗 🔍

店铺风格定位

● 运动、户外：时尚简约、潮流混搭、成熟品质。

● 家电、数码：产品质感及其金属质感。

● 食品、母婴、家居：温馨、健康、环保、生活。

ZHISHICHUANG

2.按照优化方案进行实施

根据以上页面优化方案参考表中内容，按照制作好的优化方案对首页页面、主图、详情页、文案等实施页面优化。先要选择页面设计的种类，首页一般选择促销类进行优化，详情页可以选择"商品展示类+实力展现类"的混合模式来进行页面优化。

（1）优化店铺首页

● 店招：添加品牌标志，树立品牌观念。定位主营产品，呈现重要的促销活动，如图4-3-20所示。

● 导航：将促销活动添加到导航区，再将热销产品类别放到靠前的位置。

图4-3-20　优化店招

• 首页宣传海报：需要使用与产品相关的产品和图像渲染氛围，再精心设计广告词，并将促销活动的具体内容醒目地呈现出来，增强吸引力，如图4-3-21所示。

图4-3-21　优化首页导航和海报

• 首页其他内容：整个页面使用与食品相符合的温馨暖色调。为店内搜索添加提示关键词，为产品制订更细致的分类，并添加"客服"模块。将宝贝推荐的陈列进行优化，例如，将销量较好或点击率较高的宝贝放在首页靠前的位置，如图4-3-22所示。

图4-3-22　优化首页内容

（2）优化详情页

详情页的优化包含优化产品主图和优化详情页海报，具体优化方法如下。

优化产品主图：添加品牌LOGO，使用多角度实物图，清晰明确地展示出产品特征，如图4-3-23所示。

图4-3-23 优化产品主图

优化详情页海报：产品和配景要搭配合理，图片大小整齐，排版对齐工整，细节图够大，图片色彩应真实还原。文案上字体的使用不超过3种，颜色统一，说明文字简洁且突出卖点。此外，在进行详情页内容优化的时候可以增加质量检测、合格证、权威认证和公司文化简介等内容来树立品牌形象；在产品展示图也可以添加关联产品的推荐。例如食品类产品，它的风格应定位于温馨、健康，那在优化详情页海报时可以从以下几个方面进行，如图4-3-24所示。

• 促销信息：采用"满就送、满就包邮"的促销宣传设计。

• 产品信息：在描述中需包含产品名称、包装规格、生产日期、保质日期、存储方法、口味、配料等信息。

• 产品包装：强调"独立包装，更卫生、更方便储存"。

• 适宜人群：采用温馨的宣传策略渲染氛围，如"喜欢就和爱的人分享（亲人、朋友、同事）"。

• 产品实拍图、口味展示图：采用清晰美观的，能促进食欲的图示。

• 温馨提示：内容应包含物流发货、发货时间、售后承诺等。

• 公司资质与文化呈现：公司资质中可以展示产品生产许可证、商标注册证、营业执照等。公司文化呈现则可以对公司的建筑、工人、车间、设备进行简要介绍。

图4-3-24 优化产品详情页海报

🔍 做一做

实施小林"渝记椒派"店铺的页面优化，并填写工作日志表（见表4-3-3）。

优化店铺页面

表4-3-3　页面优化实施工作日志表

实施时间	工作内容	执行情况	操作人员

活动四　检验结果

完成页面优化后，运营一段时间，就可以通过"卖家中心→营销中心→生意参谋→经营分析"查看跳失率和流量趋势，可在"流量地图→店内路径"中查看各个页面的流量及去向数据是否有提升。

1.查看流量概况

查看流量概况，如图4-3-25所示。

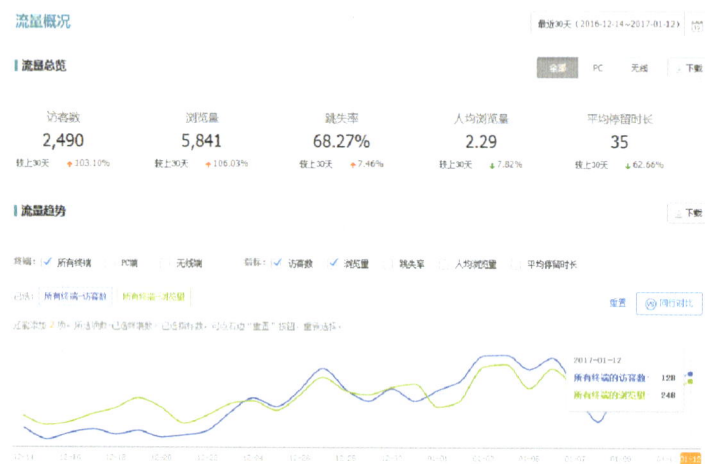

图4-3-25　流量概况

2.查看流量地图中的店内路径流量情况

查看流量地图中的店内路径流量情况，如图4-3-26所示。

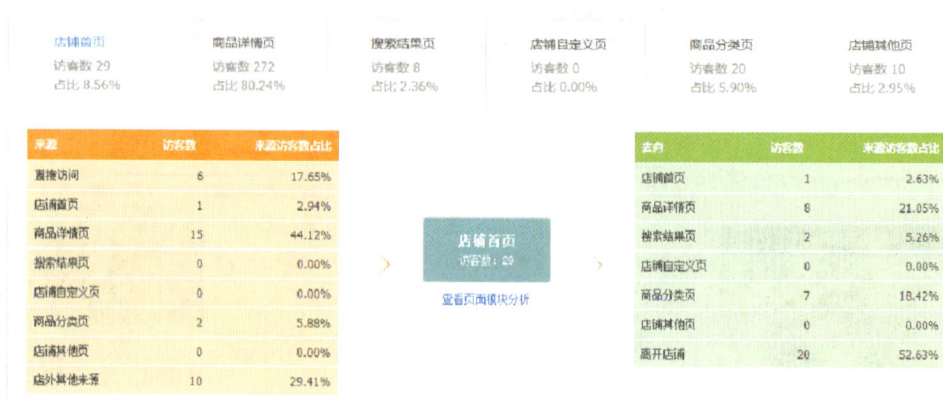

图4-3-26　店内路径流量情况

通过以上两个数据可以看到页面优化后的店铺跳失率有所下降，访客的去向也是慢慢地往店铺内部页面跳转。

做一做

采集小林店铺运营相关数据,填写优化前后情况对比表(见表4-3-4)。

表4-3-4 页面优化前后运营情况对比表

对比内容	优化前	优化后
点击率		
跳出率		
订单转化率		
回头率		
付款成功率		

想一想

有没有新增的问题?应怎么解决?

阅读有益

[任务四]

NO.4

优化评价

◆ 任务描述

良好的店铺评价是提升店铺转化率的重要因素之一,因此当买家完成购物后,不仅要想办法培养买家及时评价的习惯,还要引导买家给出最高的评价分数。通过本任务的学习,将能学会收集、分析本店商品的评价信息和竞品评价数据,发现店铺评价方面的问题,从而进行评价优化,最后检验评价优化的结果。

◆ 任务实施

优化评价要经过几个流程,即采集分析评价数据、进行评价优化、检验评价优化结果,其基本流程图如图4-4-1所示。

采集分析评价数据 > 进行评价优化 > 检验评价优化结果

图4-4-1 优化评价的流程

活动一　采集分析评价数据

想要优化评价，先要采集、分析评价数据。

1.采集分析店铺评价数据

①单击"千牛卖家中心"→选择"交易管理"→"评价管理"。

②查看到店铺半年内的动态评分（DSR）、卖家的累积信用、店铺的好评率等信息，如图4-4-2所示。

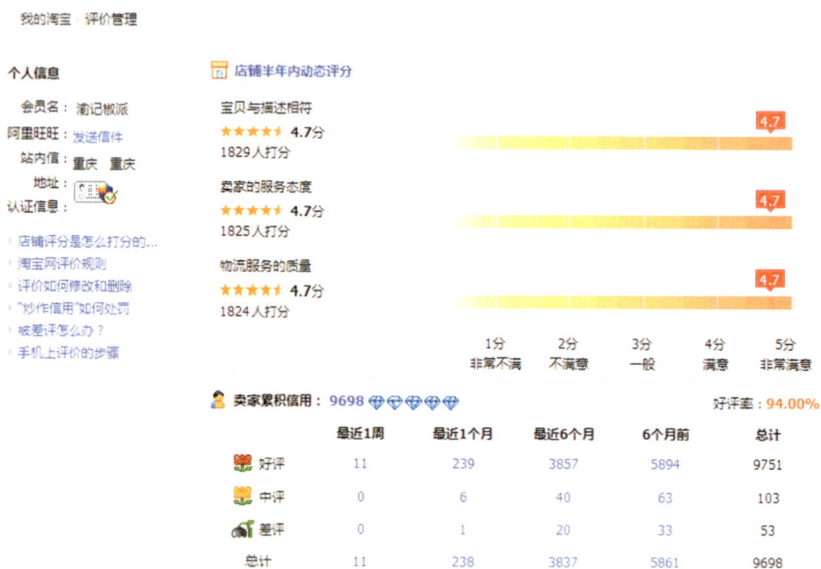

图4-4-2　店铺评价

做一做

观察图4-4-2，本店铺的DSR值是＿＿＿＿＿＿＿＿＿＿、卖家的累积信用等级为＿＿＿＿＿＿＿＿、店铺的好评率是＿＿＿＿＿＿＿＿。

③单击图4-4-2中最近1周的"评价数"、最近1个月的"评价数"、最近6个月的"评价数"，查看最近1周、最近1个月、最近6个月客户的评价详情，如图4-4-3所示。

图4-4-3　6个月以内的评价详情

④若要查看6个月以前的评价，则需要单击"6个月前"下的"评价数"，进入查看，如图4-4-4所示。

2.采集分析商品评价数据

商品评价是指消费者根据具体商品的性能、规格、材质、使用寿命、外观等内在价值进行评价的过程。

挺好吃的，就是有点油腻
2019年09月22日 19:36　口味：【神】混合麻辣/爆烤/山椒2斤　　　　有用 (0)

比超市卖的便宜，口味纯正，物美价廉，还会再回购
2019年09月30日 13:50　口味：混合味2斤　　　　有用 (0)

图4-4-4　6个月以前的评价详情

①单击"卖家中心"→选择"宝贝管理"→"出售中的宝贝"。

②选择一个商品并单击进入商品详情页，如图4-4-5所示。

	宝贝名称	价格	库存
全选　删除　下架　橱窗推荐▼　取消推荐　设置淘宝VIP　设置评论有礼　创建微海报			
已推荐	重庆特产零食 渝记手磨香菇豆干500g包邮 豆制品小包装散装零食	23.80	864

图4-4-5　出售中的宝贝

③单击"累计评论"，查看商品评论，如图4-4-6所示。

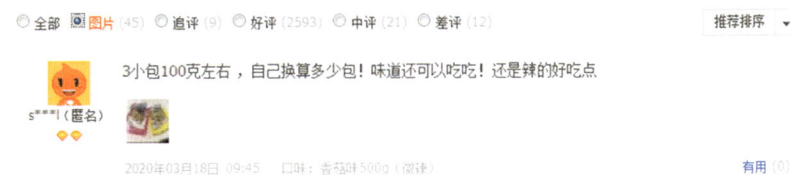

宝贝详情　　累计评论 2626　　专享服务　　　　　　手机购买

宝贝评论　　售后服务评论 5　　问大家 NEW

大家印象：味道不错 (102)　很便宜 (66)　快递不错 (33)　质量好 (20)　服务态度好 (18)　人群 (16)　口味 (11)　豆干很香 (11)　口感不错 (9)　味道一般 (10)

●全部 (45)　图片 (45)　追评 (9)　好评 (2593)　中评 (21)　差评 (12)　　推荐排序

很不错啊，看直播买的，很划算，发货也很快，收到后老公和宝宝吃了好多，味道也很好，什么味道的都有，每个里面都有香菇，500g一共18个！
t***5（匿名）　2020年03月18日 04:14　口味：【混合】10种混合味 500g　　　　有用 (0)

图4-4-6　累计评论

④分别选择"图片""追评""好评""中评""差评"，可查看全部的评价、好评、中评或者差评，如图4-4-7是带图片的评价。

●全部　图片 (45)　追评 (9)　好评 (2593)　中评 (21)　差评 (12)　　推荐排序

3小包100克左右，自己换算多少包！味道还可以吃吃！还是辣的好吃点
s***l（匿名）
2020年03月18日 09:45　口味：香菇味500g（微评）　　　　有用 (0)

图4-4-7　带图片的评价

⑤选择"大家印象"中的标签词，可以查看对应的评价，如单击标签词"味道不错"，可看到的评价如图4-4-8所示。

图4-4-8 标签词评价

想一想

采集店铺中商品的评价数据，思考以下问题：

①根据商品评价中的好评，分析客户正面反馈了哪些信息？

②根据商品评价中的中评和差评，分析是什么原因导致了客户不满意。

做一做

查看店铺中其他产品的评价，分析差评的原因。

3.采集分析竞品评价数据

竞品评价数据是指买家对其他店铺售卖的同类竞争产品的评价数据。

在淘宝网上去寻找同类竞争产品，收集评价信息。例如，在淘宝网中输入关键字"豆干"，可搜索到豆干类产品，如图4-4-9所示。

图4-4-9 "豆干"竞品图片

选择"渝美滋豆干"，查看其评价，如图4-4-10所示。

◉ 全部 ◉ 追评 (5289) ◉ 图片 (18457)　　　　　　　　☑有内容 按默认 ⌄

初次评价：　包装品质：很好 商品分量：足够 保质期：新日期 口感味道：非常棒 豆zz
04:08　　z腐脑均匀地摊在包布上，制出的产品质量紧密，能避免厚薄不匀，空隙
　　　　较多。量也很足，跟街上买的一样，喜欢的可以买了。

　　　　　解释：谢谢亲对我们产品的支持和满意呢，喜欢的话期待您的再次光临哦
　　　　　~啾咪

收货2天后追加：　味道真的好，还会回购的

　　　　　　　　　　　　　　　　　　　　　　　　　　口味：10：混合全部口味　t***3（匿名）
　　　　　　　　　　　　　　　　　　　　　　　　　　1000g

图4-4-10　渝美滋豆干评价

做一做

1.查看"渝美滋豆干"的评价，分析评价数据，填写表4-4-1。

表4-4-1　本店与竞品分析对比数据总结

对比分析因素	本店商品	竞　品
单品价格		
单品销量		
单品评价		
DSR评分		

2.在淘宝平台搜索店铺中其他产品的竞品，查看其评价数据，通过评价数据，比较店铺中的产品与竞品。

阅读有益

活动二　进行评价优化

根据店铺的评价问题进行有针对性的优化，可在一定程度上产生事半功倍的效果。那么，如何优化评价呢？可以从以下5个方面着手。

1.及时给予买家评价

有些买家收到货后，迟迟不予以评价。这个时候卖家可以先给对方一个"好评"，系统会在15天以后自动默认给卖家"好评"。给买家评价的操作如下。

①单击"千牛卖家中心"，选择"交易管理"→"已卖出宝贝"。

②进入"已卖出的宝贝"页面→找到"交易成功"的交易（含货到付款的交易）→单击"评价"，如图4-4-11所示。

收到差评怎么办

：等待发货	已发货	退款中	需要评价	成功的订单	关闭的订单	三个月前订单

　　　　　　单价(元) 数量 售后　　买家　　交易状态　　实收款(元) 评价

记　批量免运费　□ 不显示已关闭的订单　　　　　　◀上一页 下一页▶

　　　00.00　1　　　　　　交易成功　100.00　　评价
　　　　　　　　　　　　　　详情　（含快递:0.00）
　　　　　　　　😊和我联系　　　　　　查看物流

图4-4-11　给买家评价

③在评价类型（好评、中评、差评）前打钩→输入评价内容→单击"提交评论"，如图4-4-12所示。

图4-4-12　填写评价

④评价成功后如图4-4-13所示。

图4-4-13　评价成功

【友情提示】　如果卖家先给买家作出的是"中评"或"差评"，则15天后淘宝系统是不会给卖家作出默认好评的。

2.附赠"评价返现"单页

评论返现有"收买人心"的功效，特别是采用阶梯奖励，针对不同的人群，设置不同奖励额度的评价返现，会让客户用心评论。因此，在发货时，可在包裹中附赠一张"评价返现"单页，如图4-4-14所示。

图4-4-14　"好评有礼"单页

3.积极应对差评

最让卖家心痛的事情，莫过于店铺中出现了差评！那么收到差评以后，卖家该怎么应对呢?

（1）找出差评的原因

收到差评后，应及时联系买家，诚恳地解释，耐心地沟通，了解买家因为什么原因给差评，是商品质量不好，与宝贝描述不符，还是款式不满意，或者是客服人员态度太差，送货太慢，甚至可能是恶意差评。

（2）对症下药

●产品、物流、客服态度方面的原因

首先诚恳道歉，然后耐心地解释。如果买家要求退/换货，应爽快答应，并主动承担邮费。在买家满意后，争取让买家修改差评。

●投诉恶意评价

收到恶意评价时，可以发起不合理评价投诉进行维权，审核部门会在1~3个工作日核实处理。具体操作如下：

①打开淘宝网首页，登录账号→在导航栏中单击"联系客服"→"卖家客服"，进入淘宝网服务中心。

②在淘宝网服务中心页面中，单击"常用自助工具"→"交易管理"→"异常订单投诉"，如图4-4-15所示。

图4-4-15 常用自助工具界面

③进入"恶意行为投诉中心"，单击"我要投诉"按钮，如图4-4-16所示。

图4-4-16 恶意行为投诉中心

④进入"选择场景"界面，根据实际情况在"异常评价中"中选择异常评价类型，如图4-4-17所示。

图4-4-17 选择场景

⑤以"利用评价要挟"为例，单击"确认"按钮后，进入"投诉"界面。在该界面中，依次填写订单编号，授权小二查看您与买家近90天的旺旺聊天记录，选择评价要挟的具体情形，进行投诉描述，上传图片凭证等内容，如图4-4-18所示。

图4-4-18　提交投诉材料

⑥填写完成后，单击"提交"按钮即可。

想一想

案例：A公司和B公司均在淘宝网和天猫网上开设了店铺，主要销售沉香木工艺品。2016年2月，B公司员工李某在A公司的淘宝网店里购买了沉香手链4条，李某在确认收货后，对上述订单商品发表过百字的评价"第一，卖家的服务跟态度非常差……第二，珠子做工一般，跟图片相差较大，实物根本没那么油润，而且味道很刺鼻，没有一点沉香的香味，怀疑假货，不然也是处理过的货。第三，价格虚高，刚买没见天就降价两百多块，都说沉香水深，没想到这么黑……"

思考以下问题：

上诉案例是否属于恶意差评？A公司该怎么做？

【友情提示】 淘宝评价修改规则：

①好评不可以删除或修改。

②中评或差评生效后30天内，允许删除或修改评价一次。

③中评可以修改为好评，但不可以修改为差评。

④差评可以修改为中评或好评。

4.做好评价解释

若买家坚持不修改差评，卖家可以对收到的评价进行解释，发表卖家的看法。解释入口会在评价生效后开放，评价解释期为对方作出评价的30天内，逾期解释入口将关闭。例如，"渝记手磨香菇豆干500 g"商品的评价中有一条差评，卖家对其进行了解释评价，如图4-4-19所示。

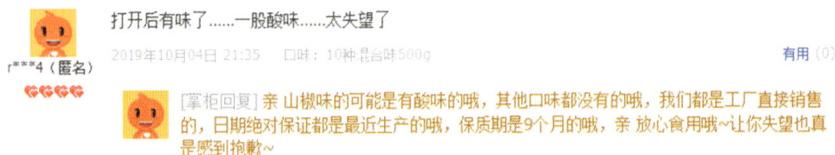

图4-4-19 解释评价

这样，当顾客浏览这条评价时，看到卖家的解释，才会放心地购买商品。

通过以上方法，买家在评价商品时，将增加评价字数、追加评价和带图评价，从而使评价得到优化，提高客户转化率。

活动三 检验评价优化的结果

经过一系列优化评价操作，店铺的评价发生改变了吗？看看渝记椒派食品公司的店铺评价优化后用户的满意度，如图4-4-20—图4-4-22所示。

图4-4-20 转化率对比

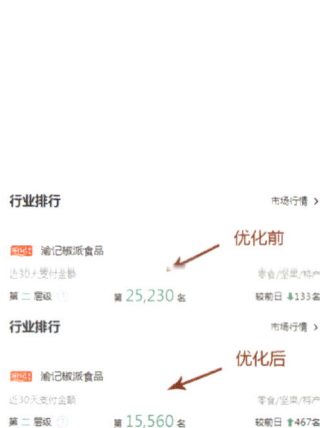

图4-4-21 行业排行对比

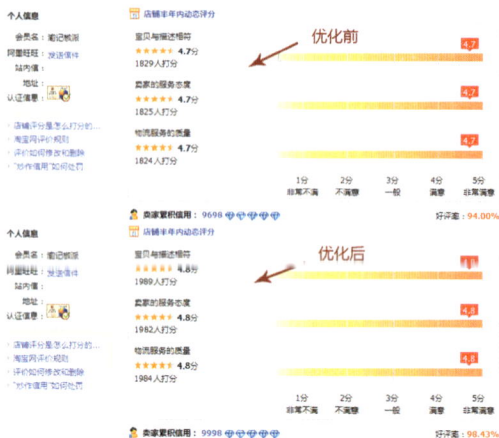

图4-4-22 店铺评分对比

做一做

观察图4-4-20—图4-4-22，填写优化前后情况对比表（见表4-4-2）。

表4-4-2 评价优化前后对比

对比分析因素	优化前	优化后
SDR分值		
卖家累积信用		
好评率		
转化率		
行业排名		

◆ 项目小结

本项目学习了分析店铺流量来源、优化标题、优化页面及优化评价等内容，了解了淘宝店铺流量的来源及优化流量的方法，学会了优化商品标题、优化店铺页面及优化评价的方法。但是在优化店铺流量的过程中仍需要注意以下几点：

①分析本店流量的来源及跳转原理。

②合理规划店铺免费流量及付费流量的比例，明确付款宣传的费用。

③付款宣传必须是有目的的宣传，需要控制成本；否则将超出预算，降低自己的收益。

④在优化商品标题、优化页面及优化评价的过程中，要以数据为基础，不能盲目进行优化。

⑤在增加店铺流量的同时必须提高商品的转化率。

◆ 身边的案例

从今日头条、腾讯平台的图书广告数据中，发现中华国学经典的四书五经系列图书点击率提升了120%。分析优化前后的图片发现有以下优点：一是少量图书立体展示，书名信息少，视觉有主次；二是文案突出卖点"受益一生"及"经典推荐"等刺激点；三是整体排版层次分明，重点突出。这也是图片优化时需要注意的几个非常重要的方面。

◆ 项目检测

一、选择题

1.下列属于站内流量来源的是（   ）。

A.淘宝客　　　　　　B.朋友圈　　　　　　C.贴吧　　　　　　D.微博

2.（   ）是属于用户自主访问流量。

A.通过淘宝搜索来的流量

B.用户从自己的购物车、收藏夹里来的流量

C.通过"一淘"搜索来的流量

D.从商城首页来的流量

3.店铺今天通过搜索获得的UV 为50，通过直通车获得的UV 为80，一共成交了13 笔交易，那么（   ）。

A.店铺今天的转化率为10%　　　　　　B.店铺今天一共获得了80 个UV

C.店铺今天的PV 为130　　　　　　　D.店铺今天的跳失率为10%

4.SEO的中文意思是（   ）。

A.高级行政长官　　B.系统评估办公室　　C.搜索引擎营销　　D.搜索引擎优化

5.关键词热度分析是指（   ）。

A.对关键词进行分类

B.分析一个关键词的数量

C.对热门关键词、一般关键词、普通关键启的区分

D.关键词的搜索数量

6.下列不是SEO的优化优点的是（   ）。

A.价格低廉　　　　B.排名的稳定强　　　C.效果广泛　　　　D.价格昂贵

7.客户给了差评应（   ）。

A.先通过旺旺、电话等渠道联系客户，了解情况后，积极为客户问题，挽回评价，如挽回失败，及时在该差评下进行回复解释

B.威胁差评买家必须修改评价，一直打电话直到修改为好评为止

C.不惜一切代价，不论孰是孰非，通过送礼物、送现金、赔礼道歉，挽回评价

D.用刷单的方式将这个评价刷下去

二、填空题

1.在淘宝网站中，淘宝官方提供了免费宣传方式和付费宣传方式，其中付费宣传包含_____、直通车、_____、_____。

2.淘宝网站中的流量来源，按流量是否付费可分为_____和免费流量。

3.优化商品标题时需要经过搜集热搜词、_____、_____、_____4个过程。

4.筛选搜集到的关键词时，保留搜索人气高、_____、_____、交易指数

高、_____的词语，删除没有流量、没有转化率的词语。

5.组合关键词时，删除_____的词语，拓展_____的词语。

6.组合商品标题，按紧密排列、_____、_____的规则进行排列。

7.搜索热搜词时，可以通过_____、_____、阿里指数等工具查看近期的热搜词、_____。

8.如果我们需要使用符号来分隔商品的标题，通常情况下使用_____来分隔。

9.页面优化可以从_____、_____、_____、_____等方面进行。

10.优化店铺首页时，需要优化_____、_____、_____、店内搜索和分类、宝贝推荐陈列、客服模块等页面。

11.当店铺评价中出现差评时，首先需要_____，然后再对差评进行针对性处理。

12.评价修改的时长是_____天。

三、实操题

1.请为一个女式大衣设计一个"双11"（11月11日）流量投放方案（费用：500元）。

2.小林店铺中的一款产品，标题为"渝记椒派麻辣零食豆腐干香菇嫩豆干多口味五斤装休闲食品"，请按标题优化的步骤优化标题。

3.优化店铺的页面。

4.优化店铺的评价，对店铺中的的好评进行补充，对中差评进行处理。

◆ 项目评价

项　目	标　准	配分/分	得分/分
制订流量投放计划	分析出店铺中流量来源的组成结构	10	
	制订合理的流量优化方案	10	
优化商品标题	选择正确的商品类目	10	
	搜集热搜词	5	
	筛选、组合、测试关键词	15	
优化页面	利用淘宝后台或统计数据工具软件，查看用户关心并经常点击的地方，确定卖点的表达方式	10	
	发现用户常遇到的问题并解决	5	
	优化的目标和店铺页面	5	
优化评价	实时收集用户对本店商品的评价信息和竞品评价数据	10	
	发现店铺评价问题，确定评价优化的目标	10	
	对接客服增加买家评价数和提升买家评价分数等方面，做好店铺评价的优化	10	
总　分		100	

项目五
免费推广

【 项目概述 】

小林的淘宝店铺开业已经两个月了，商品陆续上架后，店铺的流量少，销量也少。为了提升店铺中的各种数据，小林决定参加淘宝的各种免费营销活动，用最少的投入获取最大的收益。小林在店铺内推出了一些促销活动，同时参加淘宝官方营销活动。通过本项目的学习，我们将学会常见淘宝营销工具的使用方法，掌握设置"优惠券""满就送""单品宝""搭配宝"的方法，能报名参加淘宝官方营销活动。

【 项目目标 】

知识目标

了解常见的淘宝营销工具；

了解淘宝官方营销活动。

技能目标

能使用裂变优惠券引流；

能设置常见的促销工具；

能报名参加淘宝营销活动。

思政目标

培养学生诚实守信的品德；

培养学生开拓进取的精神；

让学生形成良性竞争意识。

[任务一]
使用淘宝营销工具

◆ **任务描述**

　　作为新手卖家，小林首先选择了开展本店的店内促销活动。为了搞好店铺的促销活动，他开通了淘宝常用的营销工具。小林将如何运用这些营销工具开展本店的促销活动呢？通过本任务的学习，我们将学习使用常见淘宝营销工具。

◆ **任务实施**

　　淘宝网提供的营销工具有20多种。进入淘宝"卖家中心"→"营销中心"→"店铺营销工具"，进入店铺的"营销工作台"，找到页面中的全部营销工具，内容如图5-1-1所示。

图5-1-1　淘宝营销工具

　　除少数营销工具有15天的免费试用期外，绝大多数的营销工具都需要先在淘宝服务市场订购后才能使用。目前的订购周期有一季度、半年、一年，部分营销工具对店铺资质有要求，需满足其准入条件才能订购。

　　常见的营销工具主要是"三宝一券"，即单品宝、店铺宝、搭配宝、优惠券，这几种工具能满足店铺的绝大多数活动的要求。另外，在选择营销工具时可以从店铺的流量、转化率和客单价方面考虑，也可以根据淘宝提供的日常策略进行选择，如图5-1-2所示。

日常策略　　　　　　　　　　　　　　　　　　　　　　　　　　点此快速了解策略中心>>

☀ 引流能力 ⑦　　　　　▲ 转化率 ⑦　　　　　¥ 客单价 ⑦

0　　　　　　　　　　**0%**　　　　　　　　**0元**

策略建议　　　　　　　　　　　　　　　　　　　　　　　　　　　　　查看全部策略

☀ 引流能力提升策略

裂变优惠券
超低拉新成本，借助用户社交关系分享，高效站外拉新。
[立即设置] [教程查看]

客户关系管理
通过短信发优惠券找回潜在、即将流失消费者，提升店铺流量。
[立即设置] [教程查看]

满就送券
使用店铺宝设置满返优惠券，引导二次进店，提升复购。
[立即设置] [教程查看]

使用淘宝营销工具

图5-1-2　策略中心日常版

活动一　设置裂变优惠券

1.什么是裂变优惠券

裂变优惠券属于优惠券中的一种，它以"邀请领券"的形式来实现超低成本拉新引流。买家进入店铺获得裂变优惠券的大额"父券"后，被告知只有分享给3~5位好友才能领取，于是通过分享给好友，被分享的好友看到好友发的优惠券链接或淘口令打开淘宝，获得"子券"；被分享者通过淘口令进入店铺，发现"分享得大额券"活动，再次发起共享，继续裂变3~5位好友，如图5-1-3所示。

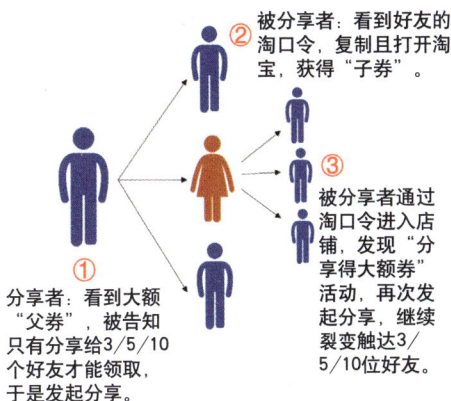

淘宝裂变优惠券是卖家店铺拉新的利器，"分享领券"的模式让店铺可以凭借非常低的成本吸引粉丝和新客。

② 被分享者：看到好友的淘口令，复制且打开淘宝，获得"子券"。

③ 被分享者通过淘口令进入店铺，发现"分享得大额券"活动，再次发起分享，继续裂变触达3/5/10位好友。

① 分享者：看到大额"父券"，被告知只有分享给3/5/10个好友才能领取，于是发起分享。

图5-1-3　裂变优惠券消费者链路

2.设置裂变优惠券

①单击淘宝"千牛卖家中心"→"营销中心"→"店铺营销工具"进入营销工作台，在淘宝营销工具中找到"优惠券"并单击进入，如图5-1-4所示。

我是卖家 〉 营销工作台 〉 优惠券

🔔【必玩】拉新引流神器，裂变系数高达7，订单爆发20倍，站外引流UV支付转化率高达8%！还缺流量和拉新吗，快戳！查看详情>

🔔【必看！】裂变券三大惊喜奉上！自动透出到详情页，生意参谋数据更新，百万公域流量免费拿！查看详情>

优惠券
可通过多种渠道推广的电子券，通过设置优惠金额和使用门槛，刺激转化提高客单，包括店铺优惠券和商品优惠券。

店铺优惠券：已创建 **3/100** 个　　　商品优惠券：已创建 **0/100** 个

自定义新建

店铺优惠券
+创建店铺券

商品优惠券
+创建商品券

裂变优惠券
+创建裂变券

图5-1-4　淘宝优惠券

②单击裂变优惠券下面的"创建裂变券"按钮，进入创建裂变优惠券页面，如图4-1-5所示。

图5-1-5 创建裂变优惠券

③设置完成，单击"确认创建"完成创建。创建成功后，可以在"营销工作台"→"优惠券"的列表页中查看裂变券，还可以提取"链接"去进行装修和推广，如图5-1-6所示。

图5-1-6 列表页中的裂变优惠券

3.裂变优惠券设置技巧

①建议将裂变优惠券类型设置为店铺券，这样分享范围和使用范围会更广，也可以设置其商品的裂变优惠券，但必须是店铺爆款商品。

②裂变父券的优惠力度建议高出同时期其他店铺优惠券力度50%及以上，或保证20元左右的差额。使用门槛可比同时期其他店铺优惠券门槛高。裂变子券的领券者有90%是店铺新客。店铺新客需要更低的使用门槛和更大的优惠力度才能刺激其消费的积极性。父券、子券的优惠力度都必须高出同时期店铺券，具体例子可见表5-1-1。

表5-1-1　裂变优惠券设置方案

方案	同时期店铺券	父　券	子　券	设置意图
方案1	满200减10元	50元无门槛	20元无门槛券	父券力度更大，更能提供分享者拉新
方案2	满200减10元	满200减30元	满200减30元	父券、子券力度一样，子券使用率更高
方案3	满200减10元	满200减100元（拉10人）	满200减20元	父券大额诱惑分享者，站外引流效果较好

练一练

某电子产品店铺准备利用裂变优惠券拉新引流，该店铺同时期的优惠券见表5-1-2。如果你是该店的运营人员，你准备如何设置裂变券的父券和子券，说说你的设置意图并完成表格内容的填写。

表5-1-2　某店铺裂变优惠券设置方案

方　案	同时期店铺券	父　券	子　券	设置意图
方案1	满100减5；满200减10；满1 000减50			
方案2				

想一想

网上购物时常见"好评返现""好评返优惠券"等活动。小林也在考虑是否设置一些优惠券发放给满足条件的好评买家。你觉得这类活动效果如何？对店铺有哪些方面的影响？

活动二　设置单品宝

1.什么是单品宝

单品宝是"限时打折"全新升级后的营销工具，它比"限时打折"更灵活、高效，可支持SKU级打折、减现、促销价。单品宝可以快速提升新品、促销品、清仓品和目标人群的转化率。限时特惠、新品促销、专属优惠、新客专享价等策略都是利用单品宝来完成设置的。

2.设置单品宝

单击"千牛卖家中心"→"营销中心"→"店铺营销工具"进入营销工作台，在淘宝

使用淘宝营销工具提升转华率

营销工具中找到"单品宝"并单击进入，如图5-1-7所示。

单品宝的活动名称需按规定的活动标签进行设置，卖家也可以提交新的活动标签由单品宝审核后再使用，营销中心会不定期对活动标签进行调整优化。单品宝活动分日常活动和官方活动两种，官方活动对活动时间、优惠方式和定向人群有特定的要求，而日常活动的限制相对较少。本活动以创建官方活动"粉丝专享价"为例设置单品宝活动。

图5-1-7　单品宝工具

①设置单品宝活动。在活动设置页面设置活动名称、活动描述、活动时间和优惠级别等信息，粉丝专享价的定向人群确定为店铺粉丝人群，优惠级别和优惠方式确定后都不能更改，完成后单击"保存并继续"按钮，如图5-1-8所示。

图5-1-8　单品宝活动设置

②选择参加活动的商品。活动商品最多可以选择1 200个，如图5-1-9所示。

③设置商品优惠。在各个活动商品后，可设置打折、满减或促销价，还可以对设置后的商品价格进行取整和抹分，最后保存活动内容，如图5-1-10所示。

已经设置的活动可以在营销工作台中查看和编辑，也可以撤出活动，如图5-1-11所示。

图5-1-9　选择单品宝活动商品

图5-1-10　设置单品宝优惠

图5-1-11　查看单品宝活动

3.单品宝常用活动标签明细

单品宝常用活动标签明细见表5-1-3。

表5-1-3　单品宝常用活动

官方活动		限时特惠、新客专享价、老客专享价、会员专享价、粉丝专享价
日常活动	上新类	新品秒杀、新品抢购、新品促销、新品上新、上新特惠、新款优惠、新品尝鲜……
	节日类	元旦特惠、情人节特惠、圣诞特惠、新春促销、六一促销、国庆促销
	季节类	夏季上新、夏季新品、秋冬新款、春夏折扣、换季促销、反季促销、年终促销、年终特惠……
	热卖清仓类	早买早优惠、让利促销、品牌钜惠、全民疯抢、火爆促销、狂欢返场、冲冠促销、冲量促销、爆款促销、优惠多多……
	店庆类	开业促销、新店促销、店铺活动、店庆活动、周年店庆……
	其他	掌柜推荐、周周精选、商家推荐、全国包邮、回馈客户、感恩回馈、女神新衣……

想一想

如果要针对最近一个月在店铺下单购买过的顾客开展为期3天的8折优惠活动，需要设置单品宝的哪些项目？

做一做

为你的淘宝店铺创建一个新品上新促销活动。

使用淘宝营销工具提升客单价

活动三　设置搭配宝

1.什么是搭配宝

搭配宝是为卖家研发的全新商品搭配工具，它将几种商品组合在一起设置成套餐来销售，通过促销套餐可以让买家一次性购买更多的商品，从而达到加深访问深度、提升店铺销售业绩、提高店铺购买转化率的目的。搭配宝支持固定搭配及自由搭配两种，如图5-1-12所示。

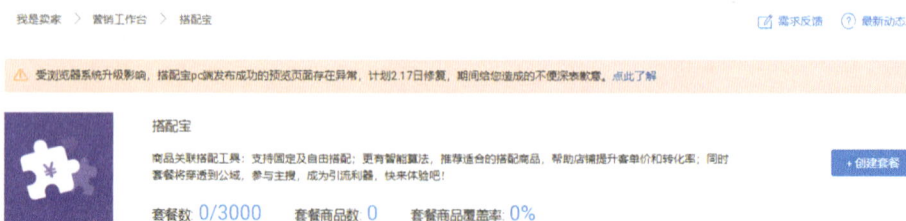

图5-1-12　搭配宝页面

2.设置搭配宝

单击"卖家中心"→"营销中心"→"店铺营销工具"进入营销工作台，在淘宝营销工具中找到"搭配宝"并单击进入，再单击"创建套餐"进入创建页面。

①选择搭配商品。单击"添加主商品"按钮，添加本套餐的主商品，如图5-1-13所示。

图5-1-13　创建搭配套餐

添加主商品后，搭配宝会推荐1个商品为搭配商品，并在左上角显示"推荐"，也可以由卖家手动选择包含主商品在内的不超过8个商品作为搭配商品，如图5-1-14所示。

图5-1-14　选择搭配商品

②设置套餐信息。套餐名称限10个字内，套餐介绍限50个字内。自选商品套餐中的商品可以由消费者有选择性地购买，固定组合套餐中的所有商品打包销售，消费者需要成套购买；套餐图可选择根据主图规范自定义设计上传，也可选择通过系统智能合图，如图5-1-15所示。

③设置套餐优惠信息。搭配套餐可以选择使用优惠和不使用优惠，不使用优惠的套餐长期有效；活动时间最长可设置180天；搭配价可以使用优惠价和折扣两种方式。完成设置后单击"保存套餐"，如图5-1-16所示。

创建好的搭配套餐可以编辑、暂停或删除，也可以复制链接用于推广，如图5-1-17所示。

图5-1-15　设置搭配套餐信息

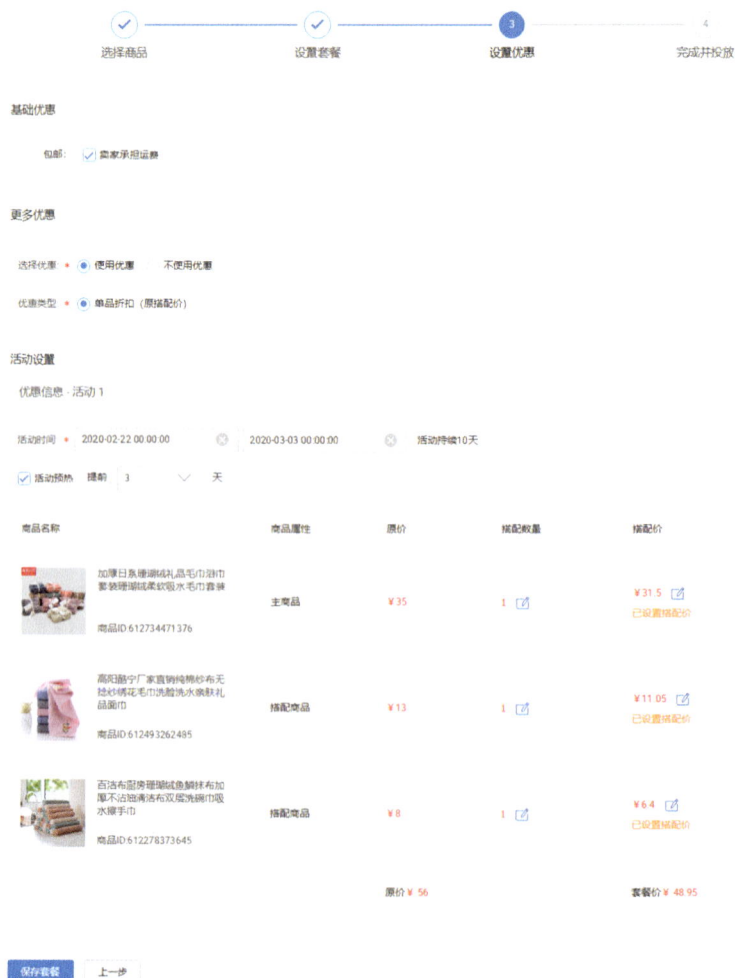

图5-1-16　设置搭配套餐优惠

图5-1-17　搭配套餐管理

3.搭配套餐设置技巧

①搭配套餐标题控制在30字以内，重点突出搭配的优惠，如搭配"立减30元"之类的促销词，要做到简洁明确。搭配之后一定要和原价有明显区分，满足买家的期望值才更容易促使买家下单。

②搭配套餐商品数要根据行业来制订策略。如零食类的商品，搭配的宝贝数量可以多一些；而服装类的商品，一般搭配2~3个就可以，2款以上可能会影响套餐的转换率。

③搭配商品之间最好能有功能互补或需求关联，如"手机+手机壳+耳机""洗面奶+面膜+面霜""连衣裙+安全裤""衣服+裤子+鞋子"等。当然也可以根据店铺的具体情况来做营销，用"热销款+滞销款"来带动滞销款的销量。选品时要充分利用数据分析工具，根据店内产品被访问和购买的情况来确定产品之间的关联性。

阅读有益

做一做

如果你是某家数码手机专营店的运营人员，你会选择下列哪些产品搭配组成套餐？完成表5-1-4的填写。

售价：15.00元
成本：8.00元
手机指环

售价：16.80元
成本：9.90元
迷你自拍杆

售价：169.00元
成本：72.00元
蓝牙音箱

售价：218.00元
成本：116.00元
蓝牙耳机

售价：38.00元
成本：15.50元

车载手机支架

售价：56.00元
成本：25.00元

直播三角支架

售价：129.00元
成本：63.00元

30000毫安充电宝

表5-1-4　搭配组成套餐方案

套餐名称			
套餐介绍			
套餐类型	○自选商品套餐　　○固定组合套餐		
选择优惠	○使用优惠　　　　○不使用优惠		
活动时间			
活动预热			
商品名称		原价/元	优惠价/元
主商品	华为Mate30手机		
搭配商品			

[任务二]

参加淘宝官方营销活动

◆ 任务描述

除了店内促销活动，小林还积极地报名参加淘宝的官方活动来提升店铺的流量和销量。比起卖家自己店内的促销活动，淘宝官方营销活动针对性更强，活动力度更大，更能够引起买家的关注。通过本任务的学习，我们将了解淘宝官方的一些营销活动，并学习报名参加淘宝营销活动的方式。

◆ 任务实施

进入淘宝网"卖家中心"→展开"营销中心"→单击"活动报名"，进入淘宝官方营销活动中心活动列表页，可查看本店铺能参加的淘宝行业营销活动，如图5-2-1所示。

图5-2-1 官方营销活动中心活动列表页

淘宝官方营销活动分为淘宝大促、行业营销活动、品牌活动、无线手淘活动和去啊旅行活动等，各类卖家可以选择相应的活动类目进行报名。

活动一 了解淘宝营销活动

淘宝营销活动由官方组织，更能得到买家认可，活动期间也能得到官方的流量支持。对于一些中小型店铺来说，可以通过这些淘宝官方活动很好地提升店铺的流量和销量，权重排名也能得到提高，从而形成良性循环；对于大型店铺来说，更要参加活动，因为这些活动能带来的营业额是非常巨大的。

店铺报名参加官方营销活动时，需要满足活动报名资质且店铺中有属于活动类目的商品才能成功参加。营销活动报名基本流程如图5-2-2所示。

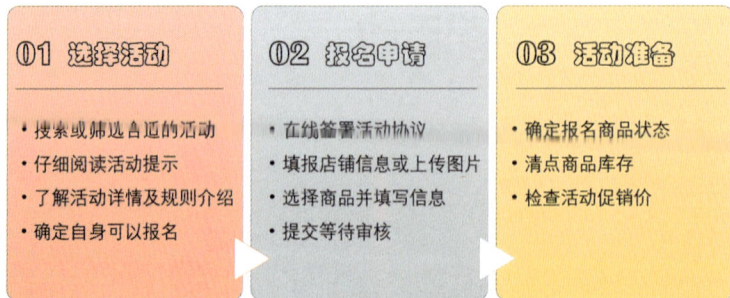

图5-2-2　营销活动报名基本流程

活动要求的报名规则和商家资质可以进入该活动进行查看。以行业营销活动为例，单击页面上方的"行业营销活动"，再选择左侧的"家居百货"行业，单击活动列表的第一个活动"淘宝住宅家居产业带招商"右侧的"立即报名"，进入该活动详情页面，如图5-2-3所示。

图5-2-3　行业营销活动列表页

活动详情页中包含活动的招商报名时间、活动开始时间、活动结束时间、活动介绍、报名资质、活动规则、活动答疑等内容，如图5-2-4所示。

如需查询具体哪一条资质不符合，可单击"规则&资质"查看，如图5-2-5所示。

如果店铺符合报名资质，报名前也应仔细阅读活动详情、活动规则、活动须知等内容后，再决定是否参加该营销活动。

图5-2-4 营销活动详情页

图5-2-5 营销活动规则与资质要求

🔍 做一做

登录淘营销中心，查看该店铺能够参加的营销活动。

参加淘宝官方营销活动

活动二 参加"淘宝618"（狂欢日）

2020年"淘宝618"是集全淘宝之力让消费者全民疯抢商品的节日，被打造成与"双11"相呼应的消费者狂欢节，也是上半年淘宝的一次全平台大型活动。"淘宝618"活动分有主会场、分会场和外围会场，所有活动商家必设玩法有包邮（部分类目除外）、跨店满减、店铺红包等。

阅读有益

1.查看"淘宝618"活动时间

进入"卖家中心"→"营销中心"→"活动报名"进入商家营销活动中心,查看官方大促中的"淘宝618"(狂欢日)的商品申报时间、活动预热时间和活动开始时间,如图5-2-6所示。

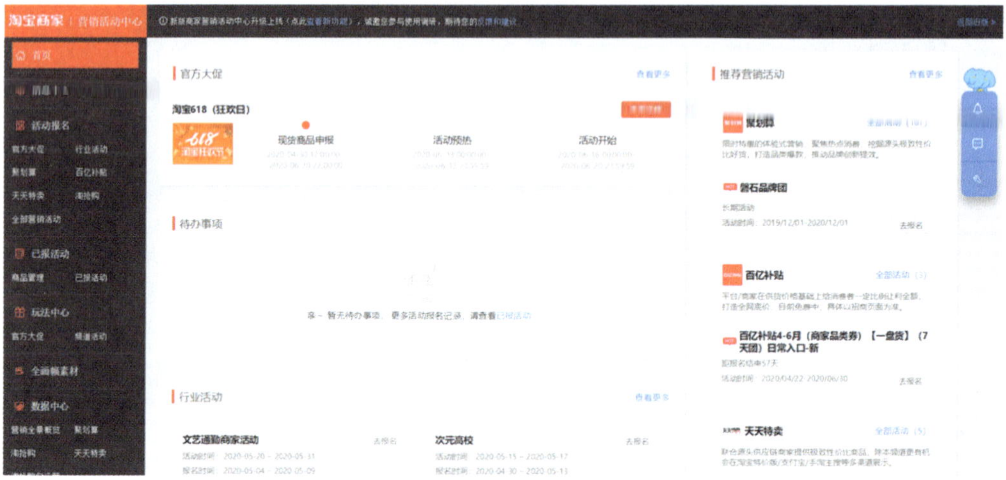

图5-2-6 商家营销活动中心

2.报名参加"淘宝618"(狂欢日)

报名参加活动前应准备好活动商品,一般可选择具有"应季""热销""折扣多""好评"等特点的商品。做好清点商品库存、编辑商品属性、确定活动价格等准备工作。

商品准备完成后,单击"淘宝618"活动右侧的"查看详情"进入活动详情页面,单击不同的活动流程,可以查看该阶段的常见问题解答,如图5-2-7所示。

图5-2-7 "淘宝618"活动详情页

单击活动右侧的"现货申报"按钮,进入"淘宝618"活动报名页面,如图5-2-8所示。

单个商品最终只能参与一个会场的活动。如果单个商品已经报名行业会场活动且审核通过,则该商品不能报名参加外围活动。但单个商品报名了外围活动后,仍可以继续报名参加行业会场活动，只是审核通过后，商品参加的外围活动会被清退。

图5-2-8　"淘宝618"活动报名页面

以活动外围会场报名为例，选择活动商品所在类目"生活百货"，在出现的活动右侧单击"去报名"按钮，进入"淘宝618（狂欢日）-生活百货-外围"页面，如图5-2-9所示。

图5-2-9　生活百货外围会场

选择"淘宝618（狂欢日）-生活百货正向"活动，在页面右侧可以查看活动详情、活动规则和要求商家参加活动需要具备的资质。符合活动要求的店铺，可以单击页面下方的"去报名"按钮转向报名页面，如图5-2-10所示。

根据报名步骤，在报名页面中根据提示了解活动详情后，单击"下一步"按钮设置店铺玩法，提交店铺素材，如图5-2-11所示。

图5-2-10　生活百货正向活动报名页面

图5-2-11　提交店铺素材步骤

在提交商品步骤中，单击"选择商品"按钮，选择参加活动的商品，如图5-2-12所示。

图5-2-12　提交商品步骤

在可选商品列表中，勾选符合条件准备参加活动的商品，再提交。如果商品太多不易选择，也可以直接进行搜索，如图5-2-13所示。

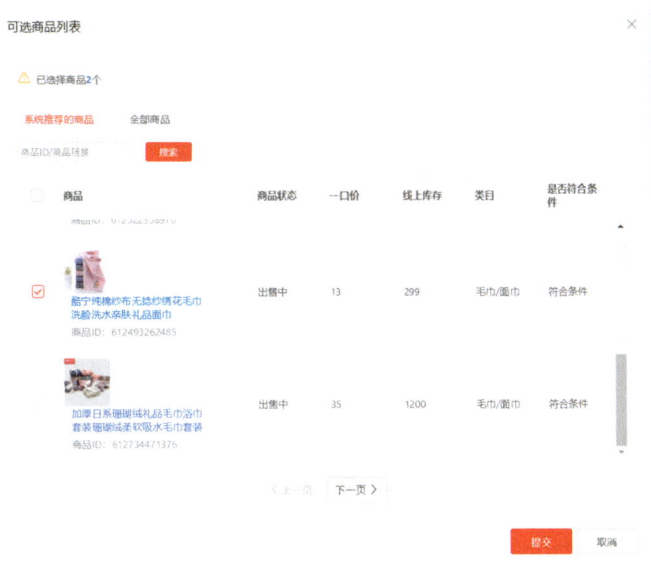

图5-2-13 选择活动商品

提交活动商品后，在商品列表右侧，还可以进行"查看商品详情""编辑商品"和"撤销报名"操作。单击"编辑商品"进入活动商品编辑窗口，如图5-2-14所示。

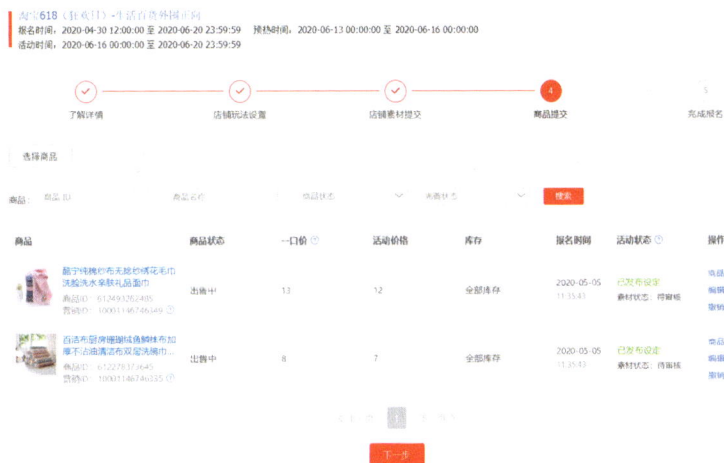

图5-2-14 活动商品列表

"淘宝618"（狂欢日）活动要求设置活动商品的名称、价格、白底图等内容。根据促销方案完成设置后，可勾选"请确保无误后提交小二审核"提交商品，如图5-2-15所示。

完成提交商品的所有操作，最后单击"下一步"按钮就完成了活动报名，如图5-2-16所示。

完成活动报名后，需要淘宝审核通过才可以参加。在淘宝商家营销活动中心，单击左侧的"已报活动"可以查看所有已报名的活动信息，如图5-2-17所示。

图5-2-15　设置商品活动价格

图5-2-16　完成活动报名

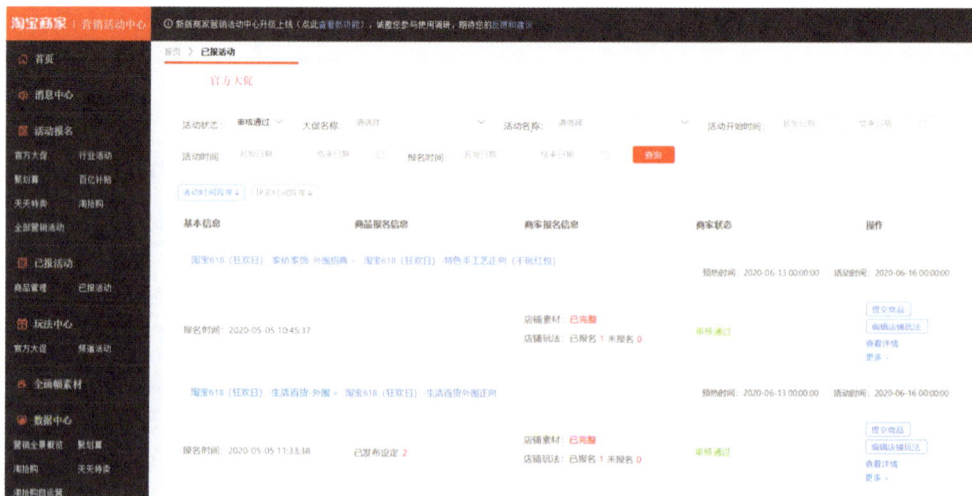

图5-2-17　已报活动列表

3.营销活动准备

在报名成功后到活动开始前的一段时间，做好活动准备工作是营销活动成功开展的重要保证，如提前设置快捷回复、提前打部分包裹、准备好快递单、检查打印机、安排好活动期间人员等。卖家可在店铺装修、店内活动、关联营销等方面做一些准备工作。

• 做好营销计划。通知老顾客活动的消息，如会员、粉丝等。

• 装修店铺。装修时做好详情页优化，页面中尽量包含关联销售、宝贝展示、宝贝说明、宝贝细节图、购买注意事项、服务承诺保障等内容。最好在详情上说明活动的优惠力度等，增加转化。

• 准备好商品库存。活动报名时的数量并不等于自己的库存，因此一定要清点库存，并了解工厂的库存。设置好各个款式和尺码的实际数量。

• 保证商品在售。要注意商品上下架时间，确保商品活动期间在售，还可以调整商品的上下架时间，提高高峰流量展示的机会。

• 设置好关联宝贝。活动没有结束前，买家选择活动商品后，也能够看到关联宝贝，这时候关联宝贝的转化也是相当不错的。

想一想

部分活动商品在营销活动中让利较多。有的卖家在活动期间将商品价格"先涨后降"。这样的行为对网络市场健康持续发展存在什么影响？

◆ 项目小结

对于中小卖家来说，一定要把握好淘宝免费提供的推广方式。合理运用营销工具，开展各种营销活动，是所有卖家都应认真对待的工作。通过参加营销活动可以带来多方面的价值：吸引众多的新客户、扩大品牌知名度、清理库存等。电商每年可能会办很多场活动，但并不是每场活动都是成功的，在营销活动期间还应注意以下几点：

①在活动开始前，制订切实可行的活动方案，根据方案逐步执行营销活动。

②对活动过程中，严密监控并及时调整活动设置、调动各方资源支持营销。

③活动结束后，对活动进行分析总结，为以后的活动提供经验。

◆ 身边的案例

某一年的双十一活动中，某女装店铺除了设置商品间的搭配套餐外，还开展了搭配销售的活动。活动内容如下：单笔订单满200元及以上，加37元就可以送一件100元以下的宝贝，加47元就可以送一件150元以下的宝贝。以价格高的商品带动价格低的宝贝的成交，更能拉动店铺的销售量。根据活动后的数据统计，有23%左右的买家对活动内容进行了咨询，19%的买家参与了加价购。

◆ 项目检测

一、选择题

1.下列不属于"三宝一券"的工具是（　　　）。

A.优惠券　　　　　　　B.店铺宝　　　　　　C.淘金币活动　　　　　D.单品宝

2.以下更能提升引流能力的方式有（　　　）。

A.设置会员价　　　　　　　　　　B.发放裂变优惠券

C.开展限时特惠 D.发放满就送券

3.单品宝的优惠方式不包括（　　　）。

A.打折 B.促销价 C.满减 D.会员价

4.搭配宝中，除了一个主商品外，最多能设置（　　　）个商品作为搭配商品。

A.1 B.3 C.8 D.10

5.下列不属于搭配商品之间可以采用的策略是（　　　）。

A.热销款+滞销款 B.需求关联 C.提高客单价 D.功能互补

二、填空题

1.单品宝的优惠级别有商品级和＿＿＿＿＿级。

2.搭配宝支持＿＿＿＿＿和自由搭配。

3.搭配宝活动时间最长可以设置＿＿＿＿＿天。

4.根据营销活动所占资源，可将活动分为主会场、＿＿＿＿＿和＿＿＿＿＿。

◆ 项目评价

项　目	标　准	配分/分	得分/分
使用淘宝营销工具	设置裂变优惠券	20	
	设置单品宝	20	
	设置搭配宝	20	
参加淘宝官方营销活动	查看淘宝官方营销活动	20	
	报名参加淘宝营销活动	20	
总　分		100	

项目六
付费推广

【项目概述】

在小林的精心运营下，店铺流量有所增加，销量也还在稳步提升。小林意识到仅仅靠免费引流来提升店铺流量，增加店铺销量是不够的，还需要通过付费推广来推广商品。小林了解到付费推广分为站内推广和站外推广两种。经了解分析后，小林决定采用淘宝站内常用的淘宝客、直通车、超级钻展来提升店铺的流量和销量。在本项目中，你将了解淘宝客、直通车、钻展推广的准入条件与推广流程，能学会制订推广计划并开展推广活动。

【项目目标】

知识目标

了解淘宝客、直通车、钻展的准入条件与推广规则；

掌握设置淘宝、直通车、钻展推广的操作方法；

了解直通车、超级钻展的推广原理。

技能目标

能够分析店铺的流量数据，制订推广方案；

能按推广计划设置淘宝客推广、直通车推广和钻展推广；

能分析推广数据，适时调整推广方案。

思政目标

培养学生诚信意识和规范意识，不做虚假宣传；

培养学生数据分析观念，求真务实；

培养学生效益观念，勇于创新。

[任务一]

淘宝客推广

◆ 任务描述

为了增加店铺的流量，小林计划投入2000元开展淘宝客推广。通过本任务的学习，我们将了解淘宝客推广的准入条件，能制订并设置淘宝客推广计划并分析推广结果。

◆ 任务实施

确定开展淘宝客推广后，需要制订淘宝客推广计划，添加淘宝客推广主推商品，设置佣金比例，然后开展淘宝客推广并查看推广结果，流程如图6-1-1所示。

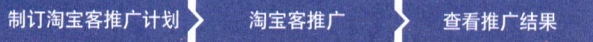

制订淘宝客推广计划 ▶ 淘宝客推广 ▶ 查看推广结果

图6-1-1 淘宝客推广流程

活动一 制订淘宝客推广计划

淘宝客是一种按成交计费的推广工具，由淘宝客帮助推广商品，买家通过推广链接进入完成交易后，卖家支付一定比率的佣金给对应的淘宝客，提升店铺商品成交机会。

1.加入淘宝客

打开淘宝网，登录店铺用户，单击右上角"我的淘宝"→"卖家中心"→"营销中心"→"我要推广"→"淘宝客推广"→"开始拓展"，如图6-1-2所示。

图6-1-2 加入淘宝客推广

制订淘宝客推广计划

阅读有益

加入淘宝客推广的条件

店铺类型	店铺信誉	产品数量	店铺动态评分
集市店铺	个人店铺信用等级一心以上或参加了消费者保障计划	正常且出售中的商品数≥10件	店铺动态评分各项分值均不低于4.5
企业店铺	企业店铺信用等级大于0	正常且出售中的商品数≥10件	店铺动态评分各项分值均不低于4.5
天猫店铺	无要求	正常且出售中的商品数≥10件	店铺动态评分各项分值均不低于4.5

YUEDUYOUYI

2.选择淘宝客推广计划

目前淘宝客推广有通用计划、营销计划、自选计划、定向计划、如意投计划5种计划，详见表6-1-1。

表6-1-1　淘宝客推广计划

计划名称	计划定义
通用计划	主要用于店铺推广场景，渠道广泛且成本可控，卖家可以设置一个合理的佣金比率，让淘宝联盟的推广者自行推广，成交完成后才计算佣金
营销计划	是淘宝客推广的主要阵地。在营销计划中，卖家可以设置单品推广时间和佣金比率，并可以选择使用阿里巴巴推广券
自选计划	是淘宝联盟为不同卖家管理淘客量身定制的新计划，卖家可自主选择同淘客的合作关系，如为某淘客开设人工审核的定向计划等。自选计划可以吸引更多优质淘客推广你的商品，并追踪他们的成交效果
定向计划	由卖家在后台自行创建，可以自定义一些功能，目前只能设置不公开且手动审核的定向计划
如意投计划	需商家自行激活，由阿里巴巴系统根据商品佣金比率及宝贝综合质量情况，将商品智能推送到爱淘宝搜索结果页、中小网站橱窗推广等

3.确定淘宝客佣金比例

如果淘宝客推广的商品有成交，则卖家需要支付淘宝客佣金，"支付佣金=宝贝实际成交金额（运费不计算）×卖家设置的佣金比例"。淘宝客推广商品的目的是获取更多的佣金，为了增加淘宝客推广商品的意向，卖家可以参考同类目商品的佣金比例，结合店铺等级、店铺信誉、商品销量、商品成本、推广目的设置佣金的比例。可参照表6-1-2设置商品的佣金比例。

表6-1-2　淘宝客佣金比例设置建议

店铺等级	商品类别	推广目的	佣金比例（和同行业相比）
新开店铺	新品	提升店铺流量；打造爆款	较高
成长型店铺	新品	提升店铺流量；打造爆款	较高
	爆款/热销品	提高销售；获得更多利润	中等偏上
	滞销品	去库存	较高
成熟型店铺	新品	提升店铺流量；打造爆款	较高
	爆款/热销品	提高销售；获得更多利润	中等偏上
	滞销品	去库存	较高

做一做

在淘宝联盟的超级好货中查一查，以下产品的佣金比例是多少？观察并思考佣金比例与产品销售量的关系？

表6-1-3　查询产品的淘宝客推广信息

序号	产品	最低佣金	销售量	最高佣金	销售量	佣金比例与销售量的关系
1	豆腐干					
2	开心果					
3	每日坚果					

活动二　设置淘宝客推广计划

设置淘宝客推广计划主要包括添加主推商品和设置类目或单品的佣金比例。

1.添加主推商品

①进入"淘宝联盟"页面，登录卖家账号，选择"计划管理"→"营销计划"，如图6-1-3所示。

②第二步：单击"添加主推商品"，可添加店铺所有商品，目前最多可为12 000款商品设置推广策略，如图6-1-4所示。

设置淘宝客推广计划

图6-1-3　营销计划界面

图6-1-4　添加主推商品

2.设置推广策略

添加商品后，根据同类目商品推广商品的佣金比例，以及系统限定的佣金率范围及建议，设置推广时间和佣金比率，如图6-1-5所示。

图6-1-5　设置推广时间和佣金率

知识链接

做一做

打开淘宝联盟网站或者下载淘宝联盟APP，分享一款商品到微信朋友圈。

活动三　查看推广效果

创建淘宝客推广计划后，可在"淘宝联盟商家中心"→"效果报表"中查看详情。一般营销计划创建后，第二天即可生效，如图6-1-6所示。

图6-1-6　查看营销计划整体报表

阅读有益

常见淘宝客推广名词解释

字段名	含　义
点击数	到达商品或店铺页面的点击数
付款笔数	买家拍下并付款笔数
付款金额	买家拍下并付款金额，不包含运费金额
结算笔数	在所选时间内淘宝客引导成交且结算的订单笔数
佣金支出	在淘宝联盟中推广所产生的佣金

YUEDUYOUYI

做一做

小林参考同类目商品的佣金比例，结合自己店铺及商品的情况，决定将淘宝客的推广佣金比例设置为15%。请为小林添加一个淘宝客自选计划。

［任务二］

直通车推广

◆ 任务描述

小林开展淘宝客推广活动后，店铺的流量、销售额都得到了提升，店铺的等级也提高了，现在小林决定投入1000元开展直通车推广，获取更精准的流量。完成这一任务后，我们将了解直通车推广的准入条件与推广规则，能新建直通车推广计划，制订直通车推广策略，并查看直通车推广效果并及时优化。

◆ 任务实施

开展直通车推广，我们首先要分析店铺、行业、关键词等数据，然后新建直通车推广计划，制订直通车推广策略，包括推广商品关键词的添加与出价，以及人群溢价策略等，最后查看直通车推广效果并及时优化，如图6-2-1所示。

新建直通车推广计划 〉 制订直通车推广策略 〉 查看直通车推广效果

图6-2-1　直通车推广流程

活动一　新建直通车推广计划

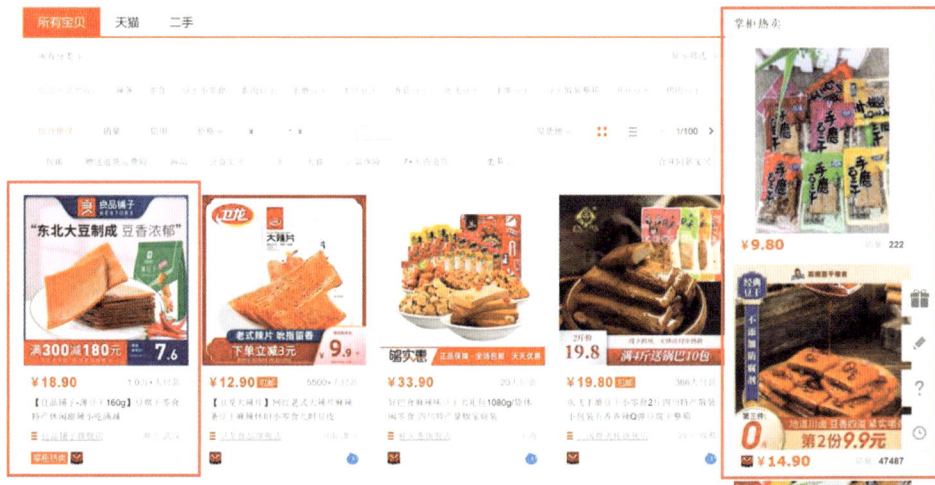

直通车是按点击付费（CPC）的营销推广工具，在买家搜索结果页通过关键词展现相匹配宝贝的推广方式，实现宝贝的精准推广。计算机端搜索结果页带有"掌柜热卖"标识，移动端带有"HOT"标识的即为直通车的展现位置，如图6-2-2所示。

新建直通车推广计划

图6-2-2　直通车展现位置

1.加入直通车推广

在千牛卖家工作台左侧导航栏中，找到"营销中心"→"我要推广"，单击"我要推广"，进入推广界面，选择"淘宝/天猫直通车"，如图6-2-3所示。

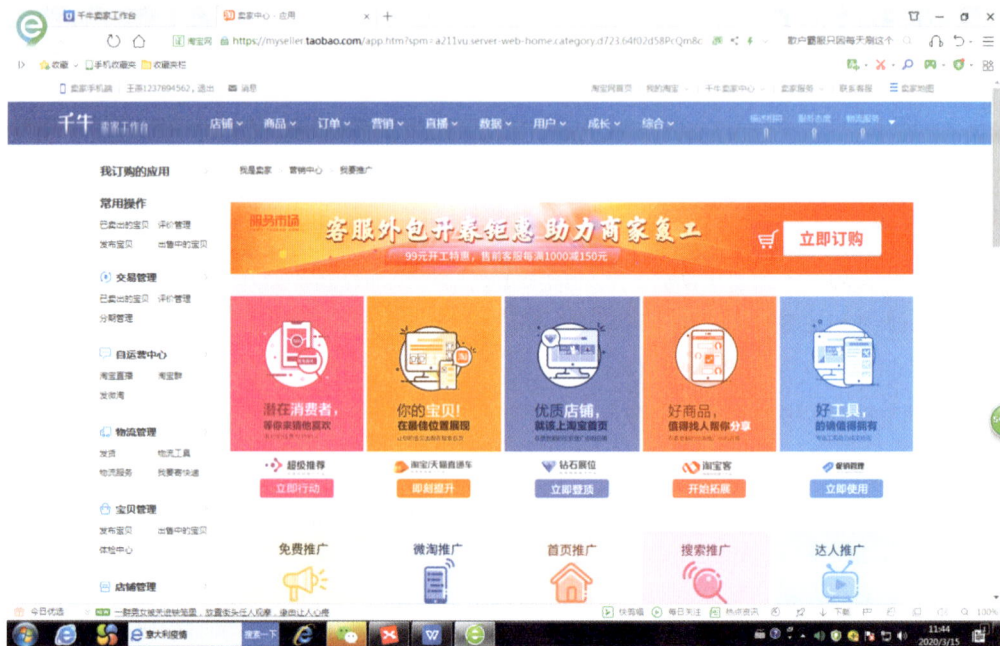

图6-2-3　千牛卖家工作台页面

阅读有益

加入直通车推广的店铺需要满足以下条件：

①店铺状态正常；

②用户状态正常；

③淘宝店铺的开通时间不低于24小时；

④近30天内成交金额大于0。

YUEDUYOUYI

2.选择推广方式

直通车推广有两种推广方式，分别是标准推广和智能推广，如图6-2-4所示。

图6-2-4　推广方式的选择

3.设置投放计划

投放计划包括投放的名称、日限额、投放平台、投放地域和投放时间，如图6-2-5所示。

图6-2-5 投放计划设置

做一做

打开淘宝直通车，选择"工具"→"流量解析"，输入关键词"豆干"，选择"零食/坚果/特产/豆干制品/蔬菜干"类目，完成表格6-2-1的内容。

表6-2-1 时间地域数据分析

地域分布数据分析	
展现指数排名前3的省份	
点击指数排名前3的省份	
点击转化率排名前3的省份	
时段分布数据分析	
日均展现指数前3的时段	

4.推广单元设置

推广单元设置指的是选择哪些宝贝进行直通车推广。一个推广宝贝就是一个推广单元。系统会根据宝贝的历史数据预测适合推广的商品，例如推荐那些在引流方面有潜力的宝贝或转化方面有潜力的宝贝。我们可以根据系统推荐的宝贝以及生意参谋中数据合理选择推广宝贝，如图6-2-6所示。

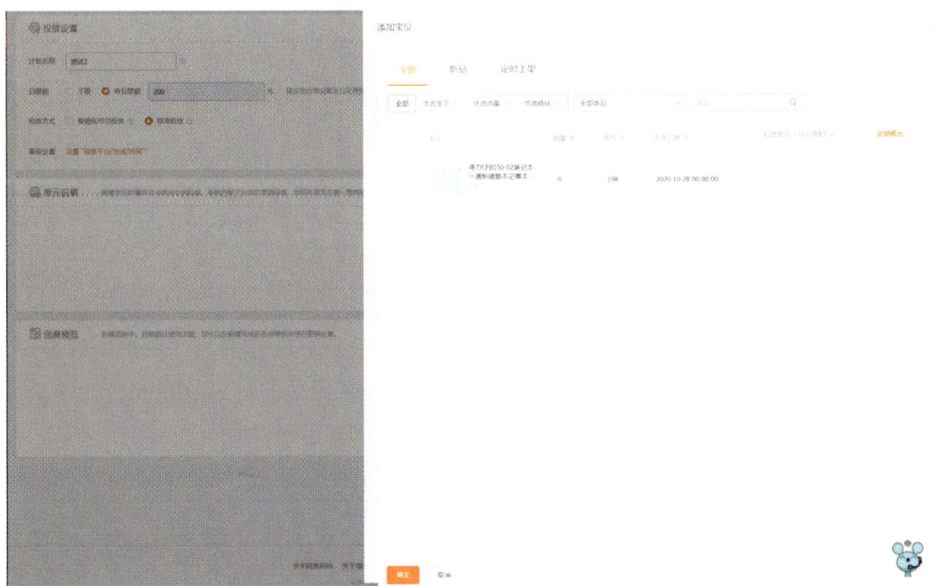

图6-2-6 推广单元设置

5.创意设置

在创意预览中，默认使用主图，在新建完成中可以在创意板块中更换设置。可以编辑宝贝创意标题，添加营销卖点词，一般卖点词字数量最多不超过8个字，数量不超过20个词，用回车分割，如图6-2-7所示。

图6-2-7　创意设置

🔍 做一做

请根据你店铺商品历史数据，生意参谋的流量数据以及直通车流量解析中的数据，选择一款商品，新建直通车标准推广计划，完成表6-2-2的内容的填写。

表6-2-2　新建直通车推广计划

计划名称		日限额	
投放平台			
投放地域			
投放时间			
推广宝贝			
创意关键词			

活动二　设置直通车推广策略

直通车推广是根据推广商品关键词的综合得分来确定商品的排名。"关键词综合得分=关键词出价×关键词质量分"，关键词的综合得分越高，商品的排名越靠前，能够获得的展现和点击的机会就越大。直通车推广投入产出指标图如图6-2-8所示。

在有限的推广资金时，关键词的点击花费越低，则获得的点击数越高。所以在制订推广策略时，我们尽量选择质量分高的关键词，并合理出价。

设置直通车推广策略

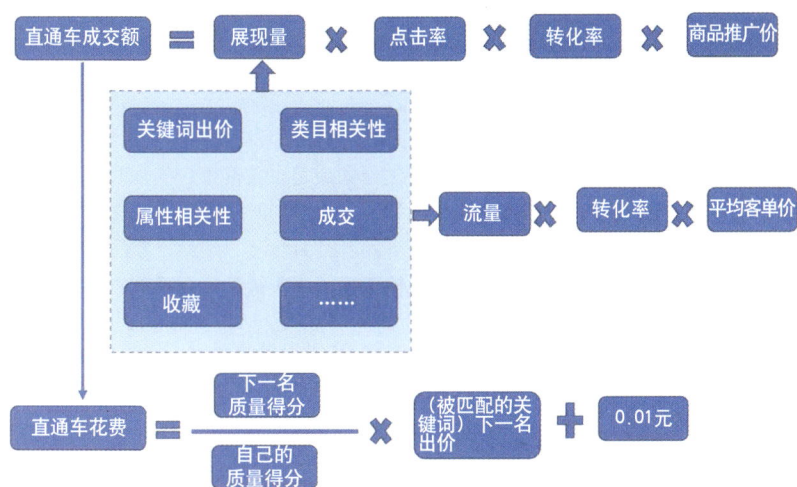

图6-2-8　直通车推广投入产出指标图

1.关键词添加

关键词质量分是衡量关键词与推广宝贝和淘宝用户搜索意向三者之间相关性的综合指标，为1~10分，影响质量分的因素包含创意质量、相关性及买家体验三方面。我们可以根据关键词的相关性、展现指数、竞争度、市场平均价、点击率、点击转化率等数据选择关键词，也可以手动输入添加关键词。添加关键词后，可批量修改出价或匹配方式，如图6-2-9所示。

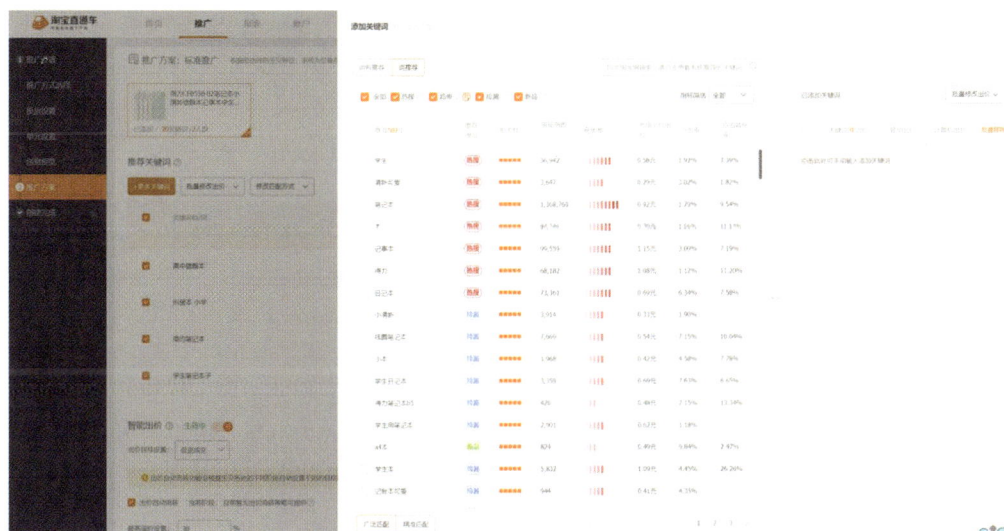

图6-2-9　添加关键词

阅读有益

关键词的匹配方式

精准匹配：买家搜索的词与推广词完全相同时，推广宝贝有机会展现。

广泛匹配：当买家搜索的词是卖家推广的词的子集或包含卖家推广的词时，推广宝贝有机会展现。例如，卖家推广的关键词是"2021时尚女装"，对"2021时尚女装"进分词，当买家搜索关键词"2021""时尚""女装""2021时尚""2021时尚女装"等时，商品有机会展现；卖家推广的关键词是"连衣裙"时，当买家搜索的关键词是"连衣裙""夏季连衣裙"时，商品有机会展现。

YUEDUYOUYI

做一做

根据对店铺宝贝历史数据的分析，小林决定选择本店的特色产品"豆干"作为直通车推广宝贝，请你为豆干这一款宝贝挑选10个行业热搜关键词。完成表6-2-3关键词的填写。

表6-2-3 行业热搜关键词

序号	关键词	搜索人气	点击率	转化率	竞争指数
1					
2					
3					
4					
5					
6					
7					
8					
9					
10					

知识链接

阅读有益

2.关键词出价

关键词出价可参考市场平均出价，自定义出价，还可开启智能出价，该工具可根据出价目标，针对不同质量的流量动态溢价，系统将提高质量流量的溢价，降低低质量流量的溢价。在保障转化效果的前提下，尽量达成您的出价目标。出价目标包括促进收藏加购、促进点击、促进成交，如图6-2-10所示。

图6-2-10 智能出价

3.人群定向与溢价

分析店铺的人群画像，锁定店铺目标人群，对目标人群溢价，从而提高商品的点击率和转化率。访客人群包括宝贝定向人群、店铺定向人群、行业定向人群、基础属性人群、达摩盘人群建。"溢价人群的关键词出价=关键词出价×（1+溢价比例）"，如图6-2-11所示。

图6-2-11　人群溢价

阅读有益

人群画像分析

方法一：打开生意参谋，选择人群模块，可查看店铺潜在人群，如图6-2-12所示，但人群管理功能需要订阅生意参谋专业版才可以。

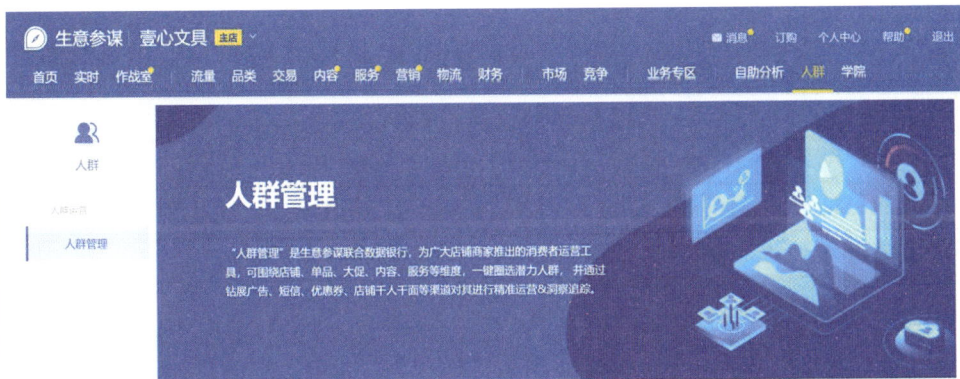

图6-2-12　生意参谋人群管理

阅读有益

方法二：打开直通车，选择"工具"→"流量解析"，输入行业精准热搜词，选择所在行业类目，可以查看人群画像，如图6-2-13所示

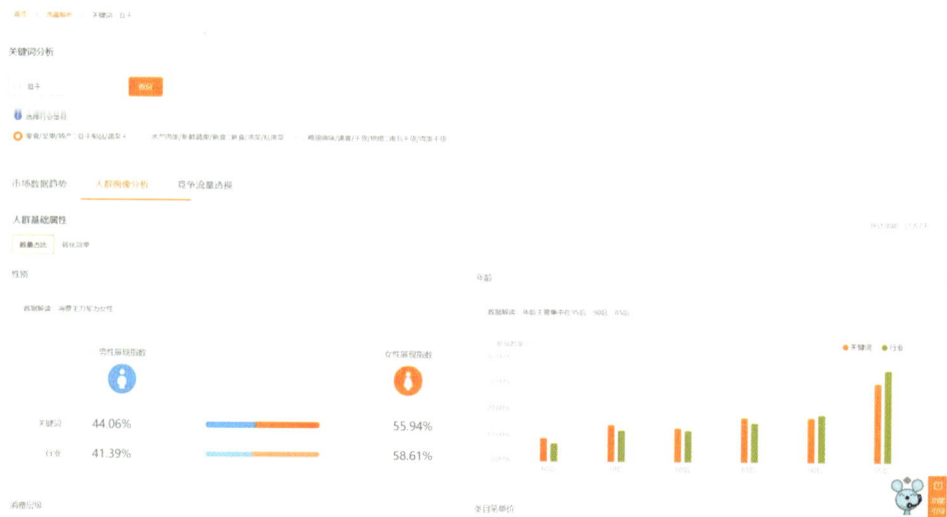

图6-2-13　直通车人群画像分析

做一做

根据对店铺宝贝历史数据的分析，小林决定选择本店的特色产品"豆干"作为直通车推广宝贝，请你打开"直通车"→"工具"→"流量解析"，查看豆干的人群画像，完成表6-2-4中的内容填写。

表6-2-4　豆干人群画像数据解读

豆干人群画像数据解读			
性别		年龄	
消费层级		类目笔单价	
关联购买类目分析			

活动三　查看直通车推广效果及优化

直通车推广计划创建完成后，我们可以查看直通车推广效果，并根据推广效果不断优化。

1.查看推广效果

打开淘宝直通车，进入推广界面，可查看所有推广计划的效果，包括花费、点击量、展现量、点击率、平均点击花费、总成交额等数据，如图6-2-14所示。

查看直通车推广效果及优化

图6-2-14 查看推广效果

2.优化直通车推广计划

查看直通车数据后，我们可以对直通车推广计划的日限额、投放平台、地域、时间进行修改，如图6-2-15所示。我们还可以查看单个宝贝的推广效果，并进行关键词、关键词出价、精选人群、创意等参数的优化，如图6-2-16所示。

图6-2-15 优化直通车推广计划

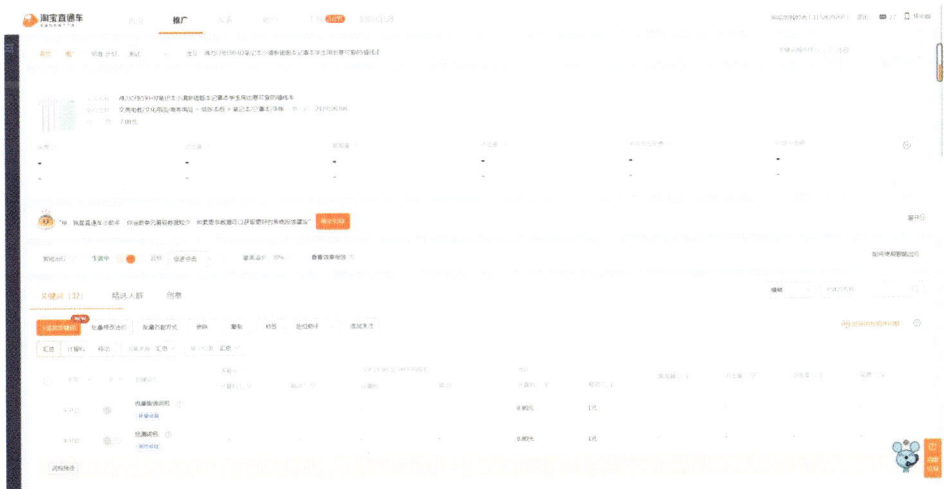

图6-2-16 优化直通车推广宝贝数据

阅读有益

直通车名词解释

字段名称	含 义
花费	推广商品在淘宝直通车展示位上被用户点击所消耗的费用
点击量	推广商品在淘宝直通车展位上被点击的次数
展现量	推广商品在淘宝直通车展位上被买家看到的次数
点击率	点击率=点击量/展现量，可直观表示宝贝的吸引程度，点击率越高，说明宝贝对买家的吸引力越大
平均点击花费	平均点击花费=花费/点击量，即推广商品每一次点击所产生的费用
点击转化率	点击转化率=总成交笔数/点击量，反应淘宝直通车点击在所选转化周期内转化支付宝成交的比例
总成交金额	总成交金额=直接成交金额+间接成交金额，即推广商品在淘宝直通车展示位被点击后，买家在所选转化周期内，所有通过支付宝交易的成交金额（含运费）

YUEDUYOUYI

做一做

请你根据店铺商品历史数据，生意参谋的流量数据以及直通车流量解析中的数据，选择一款商品，新建直通车标准推广计划，设置直通车推广策略，并查看推广效果。

[任务三]

NO.3

超级钻展推广

◆ 任务描述

小林的店铺开展了淘宝客推广和直通车推广后，店铺的流量、销量等数据都得到了提升，他想了解超级钻展推广，主动投放广告，快速获得流量。完成这一任务后，我们将了解超级钻展推广的资源位位置，访客定向原理，能新建超级钻展推广计划，制作超级钻展创意图片，选择合适的资源位，投放给店铺精准人群，快速提高店铺流量，从而提高店铺销售额。

◆ 任务实施

开展超级钻展推广，需要先新建超级钻展推广计划，制作创意图片，最后查看超级钻展推广效，操作流程如图6-3-1所示。

新建超级钻展推广计划 〉 制作创意图片 〉 查看超级钻展推广结果

图6-3-1 超级钻展推广流程

活动一 新建超级钻展推广计划

超级钻展推广是淘宝按展示付费（CPM）或点击付费（CPC）的推广方式，可以选择店铺或单品进行推广。制作创意广告图片或视频，上传到超级钻展资源位，通过竞价的方式获得超级钻展资源位展现店铺或商品的机会，设置人群定向，精准投放给目标人群，从而提高店铺或商品的曝光度，达到获取新客户、活动预热、日常销售的目的。淘宝首页超级钻展如图6-3-2所示。

新建超级钻展推广计划

图6-3-2 某网站首页计算机端和移动端超级钻展

1. 加入超级钻展推广

打开淘宝网，登录店铺用户，单击右上角"我的淘宝"→"千牛卖家中心"→"营销中心"→"超级钻展"，如图6-3-3所示。

图6-3-3 钻展推广入口

2.新建超级钻展计划组

超级钻展是智钻的升级版本，根据消费者和店铺的远近关系分别划分为三个圈层，分别是未知人群探索、泛兴趣人群拉新、兴趣人群收割。未知人群探索是对尚未和本类目商品发生过互动的人群进行广告投放，泛兴趣人群拉新是对已和本类目商品发生过互动但和本店商品尚未互动的人群进行投放，兴趣人群收割是对已和本店铺商品产生过互动的人群进行广告投放。自定义是指自定义人群进行广告投放，如图6-3-4所示。

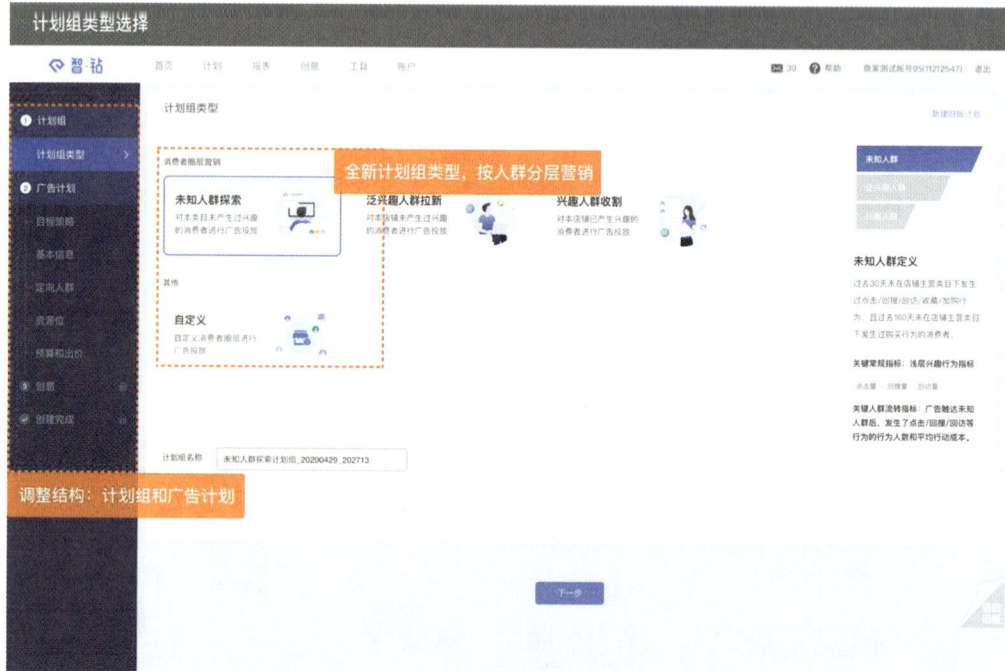

图6-3-4　钻展推广计划组

3.设置计划

超级钻展推广计划主要包括设置计划基本信息和定向人群，选择资源位，并出价。

①填写钻展计划基本信息，主要包括计划名称、投放日期、投放时段和投放地域，如图6-3-5所示。

图6-3-5　钻展推广计划基本信息

②定向人群。定向方式包括AI优选和自定义人群，如图6-3-6所示。

定向人群模块

图6-3-6 定向人群

③选择资源位。资源位投放的方式有优质资源位和自定义资源位两种投放方式，广告位置包括站内资源位和站外资源位，如图6-3-7所示。

图6-3-7 超级钻展资源位

选择自定义资源位，则可以自主选择资源位，站内资源位如图6-3-8所示，站外资源位如图6-3-9所示。

④预算和出价。根据圈定的人群选择营销目标，营销目标包括加购量、曝光量、点击量、关注量、成交量。竞价方式有成本控制、预算控制、出价控制三种，如图6-3-10所示。

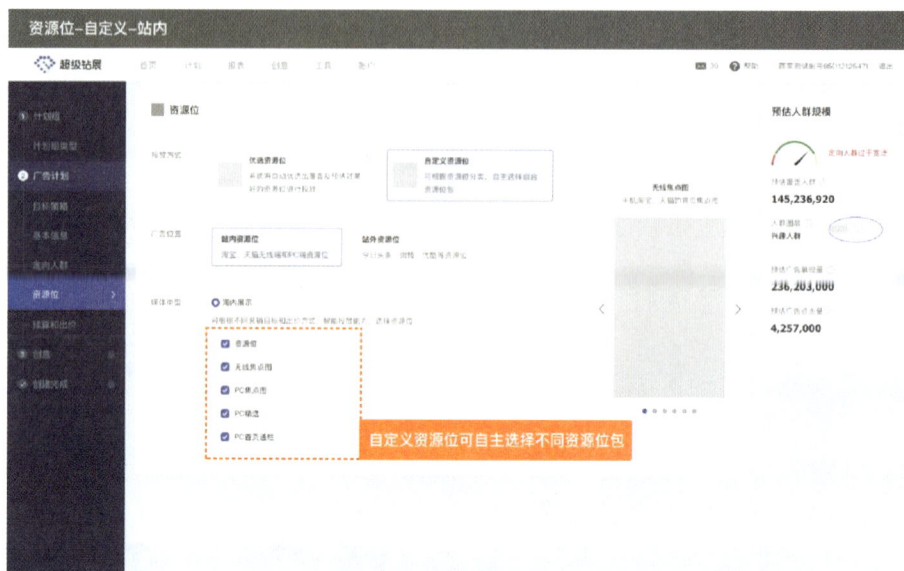

图6-3-8　自定义资源位-站内

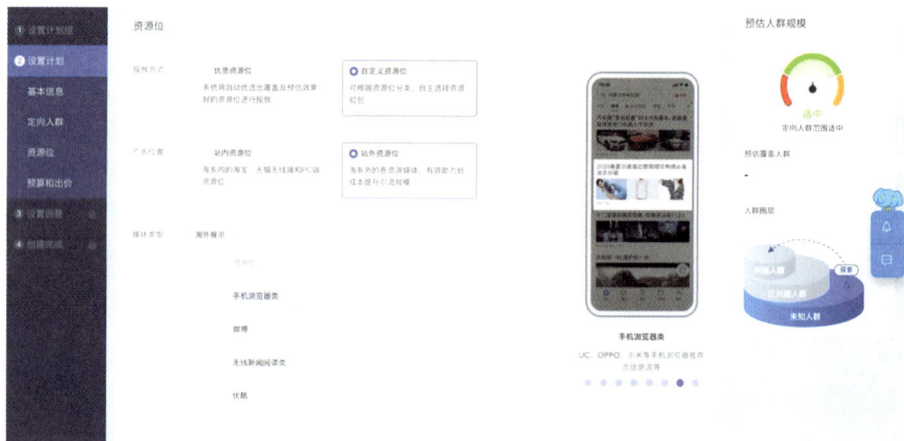

图6-3-9　自定义资源位-站外

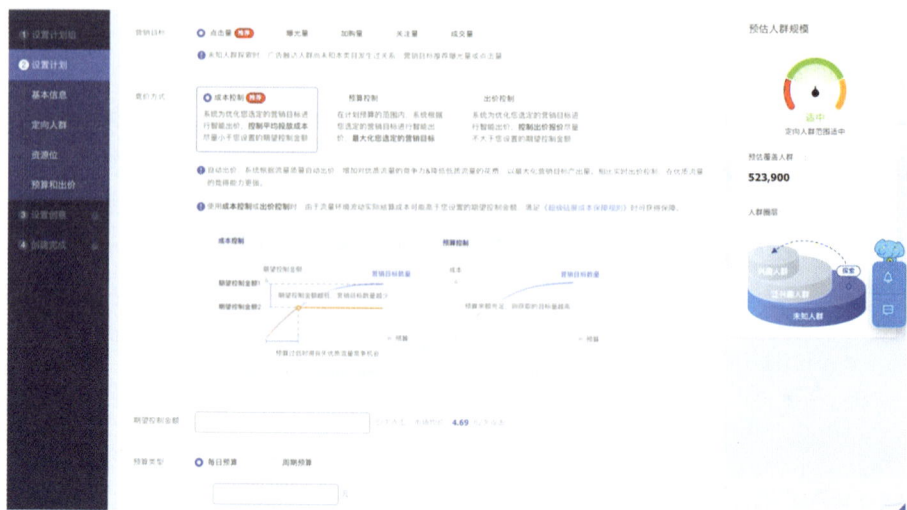

图6-3-10　选择营销目标和竞价方式

做一做

根据店铺的历史数据，新建超级钻展推广计划组并设置计划，并完成表格6-3-1内容的填写。

表6-3-1 超级钻展推广计划

计划组类型	
计划名称	
投放日期	
人群定向方式	
营销目标	
竞价方式	

活动二 制作创意

创意包括静态创意图片和视频两类。创意图片或视频的好坏直接影响商品的点击率和转化率。

1.了解超级钻展创意图片的影响因素

在钻石资源位展示上的创意图片，不同时段可展示不同的图片，不同的图片给人留下不同的印象。图片素材、广告文案是影响创意的两个关键因素。超级钻展创意效果影响因素解析见表6-3-2。

表6-3-2 超级钻展创意效果影响因素解析

创意影响因素	解决方案
图片素材	①图片美观度； ②反复测试图片的推广效果，选取最优图片
广告文案	①撰写便于记忆、容易传播、直接通俗的文案； ②选用幽默、经典文字； ③贴合商品实际，添加能给卖家紧迫感的文字信息； ④人群匹配，符合消费者风格

做一做

分析图6-3-11，哪些因素可以吸引你去点击该图片并查看商品详细信息？请写在下面的横线上。

图6-3-11　钻展推广图片素材

2.制作创意

创意区分PC端和无线端。添加创意可以从创意库选择，本地上传或创意组件制作。无线端如图6-3-12所示，PC端如图6-3-13所示。

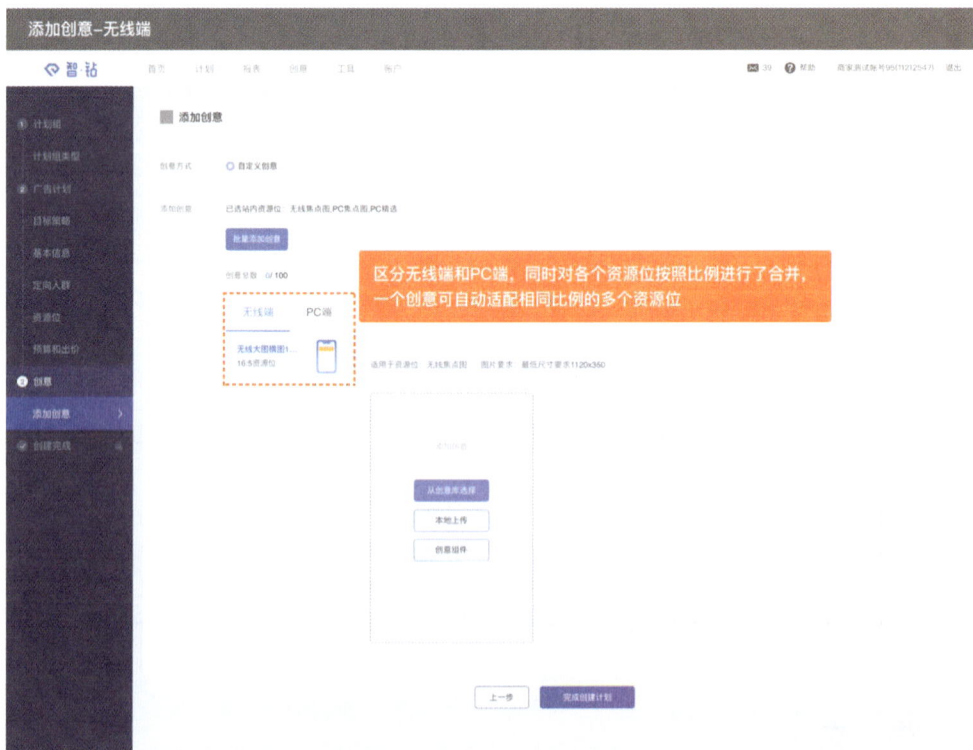

图6-3-12　添加创意-无线端

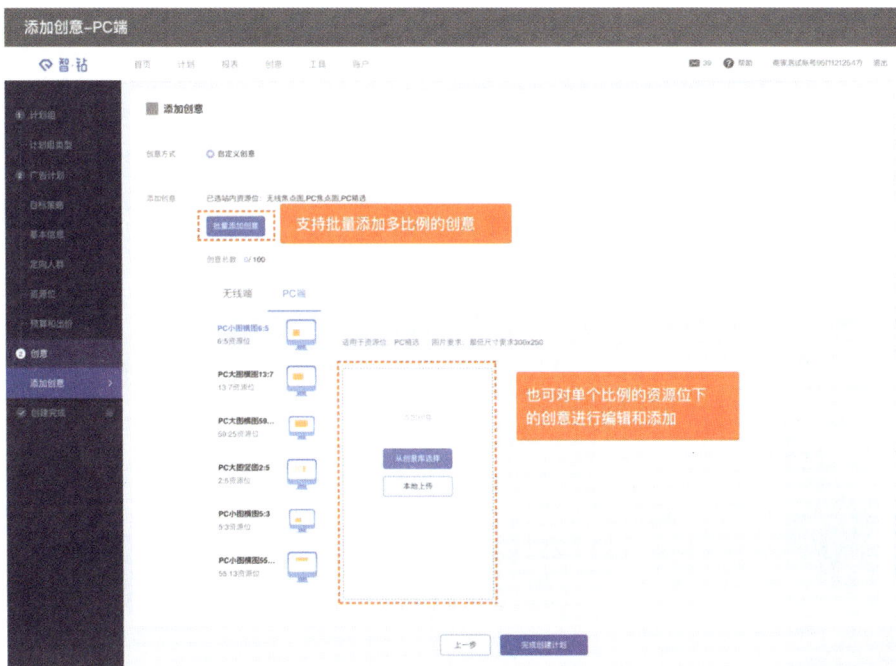

知识链接

阅读有益

图6-3-13　添加创意-PC端

活动三　查看超级钻展推广效果

1.查看超级钻展推广效果

超级钻展首页下方，可查看单日投放数据，含有今日消耗/展现等汇总数据，如图6-3-14所示。

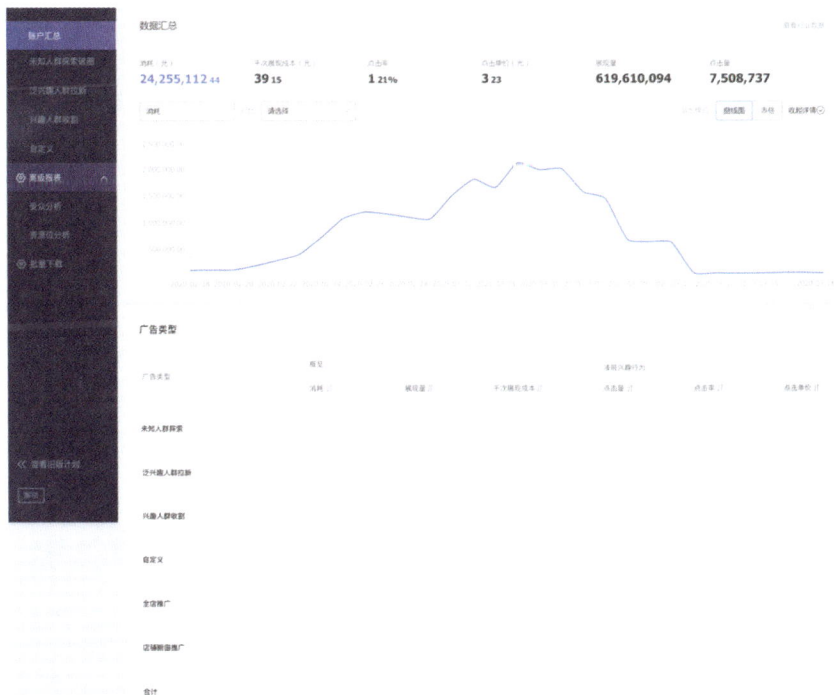

图6-3-14　查看超级钻展推广实时汇总数据

除了查看超级钻展推广实时汇总数据外，我们还可以查看分计划组数据，受众分析和资源位分析如图6-3-15～图6-3-17所示。

图6-3-15　查看分计划实时数据

图6-3-16　查看具体的计划组和广告计划的受众情况

图6-3-17　查看排名前10的资源位

2.优化超级钻展推广效果

查看超级钻展推广数据后，我们可以对超级钻展推广计划的投放时间、地域、创意、投放人群等进行修改和优化，如图6-3-18所示。

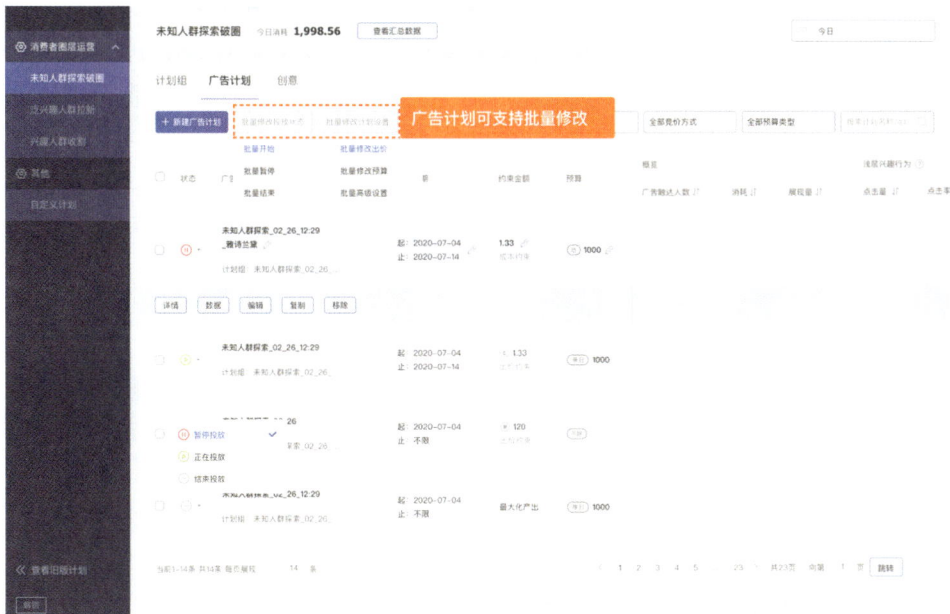

图6-3-18 修改广告计划

做一做

淘宝网中，提供了多个付费推广工具以帮助店铺获取精准流量，提高销售额及转化率，但店铺必须成长到一定级别才能报名使用这些推广工具，请完成营销工具申请条件及推广优势（表6-3-3）。

表6-3-3 营销工具申请条件及推广优势

推广工具	申请条件	推广优势
淘宝客		
直通车		
超级钻展		

◆ 项目小结

通过本项目学习，了解了淘宝客、直通车和超级钻展推广准入条件、推广流程及策略，能使用淘宝客、直通车和超级钻展推广商品。在推广过程中，需要注意以下几点：

①在推广之前，要了解规则，制订推广方案。

②在推广过程中，严密监控并及时调整活动设置，控制成本，利益最大化。

③在推广结束后，要及时分析推广效果，为以后的推广储备经验。

◆ 身边的案例

奥利奥新口味草莓饼干推广

根据消费者洞察，奥利奥夹心饼干的主要人群是年轻女性及有小孩的母亲。为了能让目标人群去尝试新产品，并在互联网上完成从认知到实践的过程，商家借助强大的网络购物平台优化，开展较大力度的推广行动。该产品通过提供新品小样、开展各种促销推广、派发抵价券等活动，让商品的曝光量、销量都得到了极大的提升。

◆ 项目检测

一、选择题

1.按成交量计费的推广模式（　　　）。

A.淘宝客　　　　　　B.直通车　　　　　　C.超级钻展　　　　　　D.分享赚

2.淘宝客开通满足的条件之一：店铺动态评分各项分值均不低于（　　　）。

A.4.8　　　　　　B.4.5　　　　　　C.4.7　　　　　　D.4.6

3.直通车的扣费原理是（　　　）。

A.按照佣金比例　　　　　　　　　　B.按照展现时长

C.按照展现量付费　　　　　　　　　D.按照点击次数扣费

4.直通车推广过程中，创意标题词数量不超过（　　　）个。

A.20　　　　　　B.30　　　　　　C.5　　　　　　D.10

5.以下关于质量分的描述正确的是（　　　）。（多选）

A.在排名不变的情况下，提高关键词的质量分，出价会相应降低

B.在出价相同的情况下，提高关键词的质量分，可以让关键词的排名更加靠前

C.当质量度分偏低时，推广结果可能无法展现

D.自己的关键词质量分提升后，会让上一名的竞争对手消费更多的钱

6.以下关于出价，说法正确的是（　　　）。

A.出价是决定广告曝光机会的唯一因素

B.提高出价是提升曝光量的唯一方法

C.广告质量分相同的情况下，出价越高曝光机会越多

D.出价是指广告主为点击所支付的最终价格

7.某店铺直通车推广中花费5000元，获得的点击数是2500，请问该店铺直通车平均点击花费是（　　　）。

A.2元　　　　　　B.3元　　　　　　C.2.51元　　　　　　D.2.61元

8.在淘宝平台中，按展现收费的推广工具是（　　　）。

A.淘宝客　　　　　　B.直通车　　　　　　C.超级钻展　　　　　　D.分享赚

9.目前超级钻展推广开通的店铺条件是（　　　）。

A.三星　　　　　　B.四星以上　　　　　　C.1钻　　　　　　D.2钻

10.超级钻展的资源位按照广告位置可分为（　　　）。（多选）

A.站内资源位　　　　B.站外资源位　　　　C.优质资源位　　　　D.自定义资源位

二、填空题

1.常见的淘宝客推广方式包括通用计划、营销计划、活动计划和_____。

2.淘宝客的佣金等于_____乘以卖家设置的佣金比例。

3.直通车推广是按_____收费的。

4.直通车的推广在卖家中心中_____下的"我要推广"栏目中。

5.电脑端的直通车广告位带有_____标识。

6.店铺开通直通车推广，需要店铺开通时间不低于_____小时。

7.直通车推广方式有两种，分别是_____和_____。

8.直通车推广时，推广关键词的排名是由_____和_____决定的。

9.超级钻展是智钻的升级版本，根据消费者和店铺的远近关系分别划分为三个圈层，分别是_____、泛兴趣人群拉新、兴趣人群收割。

10.超级钻展创意包括_____和_____。

三、实操题

小丽开了一个淘宝店铺，一直以来流量和销量都还可以，但是她想打造一款爆款商品，提高店铺知名度，于是她计划投入500元费用来推广。请你为小丽制订一份投放计划，为推广做好前期准备。

◆ 项目评价

项 目	标 准	配分/分	得分/分
淘宝客推广	能说出淘宝客推广的准入条件	5	
	能说出淘宝客推广的计划类型	5	
	能够确定淘宝客佣金	5	
	能够设置淘宝客推广	10	
	会查看淘宝客推广结果	5	
直通车推广	能说出直通车推广的准入条件	5	
	能进行流量分析，制订直通车推广计划，合理设置投放地域和时间	15	
	设置直通车推广策略	15	
	查看直通车推广结果及优化	5	
超级钻展	知道超级钻展资源位	5	
	建立超级钻展推广计划	15	
	查看钻展推广结果	10	
总 分		100	

项目七
客户针对性营销

【项目概述】

小林店铺的流量及转换率虽然都得到了提升，但分析数据后发现老客户的转化率远远高于新客户，其原因是老客户了解店铺的特色、食品的口味，对本店铺有信心。因此，根据不同的客户，设置不同的阶梯营销策略，并根据客户情况分层次开展客户活动是非常重要的。在本项目中，我们将了解客户分组的含义和方法，给客户推送信息的方法和技巧，掌握查看店铺客户信息、添加客户标签、设置店铺的会员规则和权益、创建客户运营计划的操作方法。

【项目目标】

知识目标

了解客户标签的含义；

了解客户分组的含义和方法；

了解推送信息的方法和技巧。

技能目标

能查看店铺的客户信息；

能为店铺客户添加客户标签；

能在店铺中设置会员规则与会员权益；

能根据不同的客户群创建客户运营计划；

能选择合适的方式给客户推送信息。

思政目标

培养学生养成维护客户的习惯；

培养学生关爱客户、服务客户的意识；

培养学生的法制素养。

［任务一］
管理客户

◆ 任务描述

在淘宝店铺中会使用"二八定律"对客户进行管理，即精心维护20%的客户，添加客户标签并梯度设置会员制度，可为店铺带来80%的收益。完成这一任务后，我们将能认识客户分层，会查看店铺客户信息、添加客户标签、设置会员制度和权益。

◆ 任务实施

分析客户需要经过几个流程，即查看店铺客户信息、添加客户标签、进行客户分组、设置会员制度和权益，如图7-1-1所示。

| 查看店铺客户信息 | 添加客户标签 | 进行客户分组 | 设置会员制度和权益 |

图7-1-1　分析客户流程

活动一　查看店铺客户信息

作为一名淘宝卖家，我们在接待客户的时候，经常需要查看客户的等级、好评率等，在一定程度上了解客户的基本情况。

怎样查看店铺中的客户信息呢？具体操作如下：

①登录淘宝网，单击"千牛卖家中心"→"营销中心"→"客户运营平台"，进入客户运营平台界面，如图7-1-2所示。

搜索整理客户
信息

图7-1-2　客户运营平台

②单击左侧导航栏中的"客户列表"，进入客户列表界面，如图7-1-3所示。

在客户列表界面中，客户被分为了成交客户、未成交客户和询单客户。

③若要查看成交客户的信息，则选择"成交客户"，选择其中的一名客户右侧的"详情"，则可查看该客户的信息，如姓名、性别、手机、省份城市、会员级别等，如图7-1-4所示。

图7-1-3　客户列表界面

图7-1-4　成交客户信息

④查看未成交客户和询单客户的方法与查看成交客户一样，只是查看到的客户信息会少很多，如看不到姓名、性别等信息，如图7-1-5所示。

图7-1-5　未成交客户、询单客户信息

【友情提示】　客户信息除了查看外，还可以编辑。单击客户信息页面的"编辑"按钮即可编辑客户信息，编辑完成后，保存即可。

查看搜集客户信息还有其他很多方式，比如问卷调查、当面访谈等等，在搜集客户信息时，要用合法的方式进行搜集，并要限定合理的客户信息范围，严禁任意搜集、严禁超限行为。因为，我们的法律明确规定，未经许可收集淘宝店铺上面买家信息是违法的。一经发现，将受到法律的严厉惩罚。

活动二 添加客户标签

店铺的每个客户不仅可以分属于不同的层级，还可以被打上不同的标签。给客户打上标签，就是把客户身上的某些属性标注出来，如A客户喜欢什么颜色、B客户的消费习惯是什么、C客户的来源渠道等。

客户的各种属性都可以成为客户标签，如图7-1-6所示。

图7-1-6 客户属性

💬 **说一说**

观察图7-1-6，结合自己的认识，说一说常见的客户标签有哪些？

在淘宝网中，如何给客户添加标签呢？具体操作如下：

①登录千牛平台，单击接待中心图标"☺"，打开聊天功能，如图7-1-7所示。

②选择一个客户，打开聊天对话框，如图7-1-8所示，单击右上角的"+"。

图7-1-7 打开聊天功能

③进入我的应用界面，单击左侧导航栏中的"客服"，在"智能客服"上单击"添加右侧 ✗"图标，设置智能客服，如图7-1-9所示。

④这时，在与客户的聊天对话框中多了"智能客服"这一选项，如图7-1-10所示，选择智能客服选项，单击客户用户名旁边的"备注"。

⑤进入添加标签界面，添加客户标签，如图7-1-11所示。

图7-1-8 添加应用

图7-1-9　添加智能客服应用

图7-1-10　智能客服选项

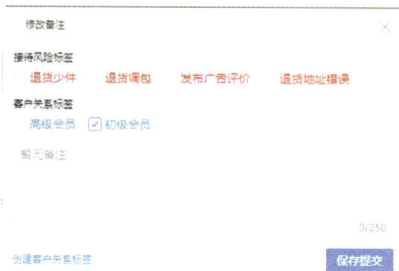

图7-1-11　添加客户标签界面

【友情提示】　若需查看店铺客户人群标签，则可在"客户运营平台"→"客户分析"→"访问人群洞察"中查看。

活动三　客户分组

1.客户分组的含义

客户分组是指根据客户不同的回购周期所占的客户比例，将客户进行不同层次的划分，并以此为基础对不同层次的客户群体提供不同服务，从而使网店有限的人财物资源在客户服务领域得到优化配置。只有对客户实施分组管理，才能解决人财物资源的有限性与客户需求的多样性之间的矛盾，才能集中资源对目标客户和高价值客户进行重点服务，提供优于同业竞争对手的产品和服务。

2.客户的具体分组

根据客户不同的回购周期所占的客户比例，可以将客户分为非活跃客户和活跃客户。其中，非活跃客户包括流失客户、睡眠客户和沉默客户；活跃客户包括一次购买新客和重复购买新客，具体如图7-1-12所示。

做一做

观察图7-1-12，你了解到：

①什么是流失客户？

②什么是睡眠客户？

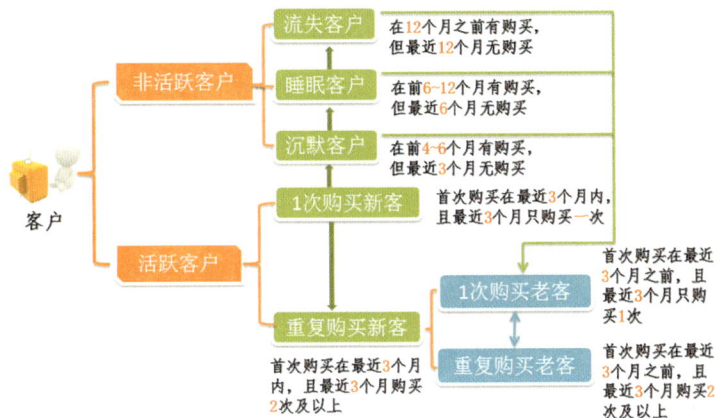

图7-1-12 客户分组

③什么是沉默客户？

_____

④什么是活跃客户？

_____

⑤各客户分组之间有什么区别和联系？可以相互转化吗？

_____

　　在淘宝客户运营平台中，客户分组方式略有不同。淘宝客户运营平台中的客户分组，将客户默认分为"重点运营人群"和"我的人群库"，其中重点运营人群包括兴趣人群、新客户人群、复购人群，我的人群库分为自定义人群、系统推荐人群和群聊人群。对这些不同的客户群，可以进行定向运营，如图7-1-13所示。

图7-1-13 客户运营平台中的客户分群

活动四 设置会员制度和权益

1.会员制度

在现实生活中，大超市、商场等都发行了会员卡，持有会员卡的顾客在购物的时候将会得到一定的优惠。这种会员制度在淘宝店铺中同样适用。良好的店铺会员制度，不仅会让你的店铺显得更专业，而且会提高店铺的顾客回头率。

会员一般可以分为普通会员、高级会员、VIP会员和至尊会员共4级会员。如图7-1-14所示，这是某一淘宝旗舰店的会员制度。

会员特权	战士（普通会员）	祭司（高级会员）	酋长（VIP会员）	狼图腾（至尊会员）
会员标准	消费金额577或交易2次	消费金额1077或交易4次	消费金额2177或交易8次	消费金额5777或交易15次
会员折扣	9.8折	9.5折	9折	8.8折
生日礼券	10元	20元	50元	100元
无理由退换货日期	7天	8天	10天	14天
优先发货	√	√	√	√
上新预告/通知	√	√	√	√
快递包邮	×	√	√	√
会员日专享	√	√	√	√
每月惊喜礼品（每月抽取10名会员）	×	×	√	√
每月一次退换货包邮权	×	×	√	√

图7-1-14　某店的会员制度

想一想

观察图7-1-14，从图中你了解到：

①各级会员分别享受了哪些特权？

_____

②享受最高待遇的会员是_____。

③各级别的会员享受的特权有哪些不同？

_____

2.在店铺中设置VIP制度

①登录淘宝网，单击"千牛卖家中心"→"营销中心"→"客户运营平台"，进入客户运营平台界面。

②单击"会员管理"→"忠诚度设置"→"VIP设置"，进入VIP设置界面，设置各级别会员的交易条件和会员权益，如图7-1-15所示。

这里可以根据客户的交易额或交易次数进行VIP的设置，让不同级别的会员享有不同的会员权益（主要是会员折扣）。

3.设置会员权益

在淘宝店铺中，除了为不同级别的会员设置折扣外，还可以为会员设置优惠券、支付宝红包、手机流量、新会员礼包、会员礼包、会员专享券、会员专享券等会员权益，见表7-1-1。

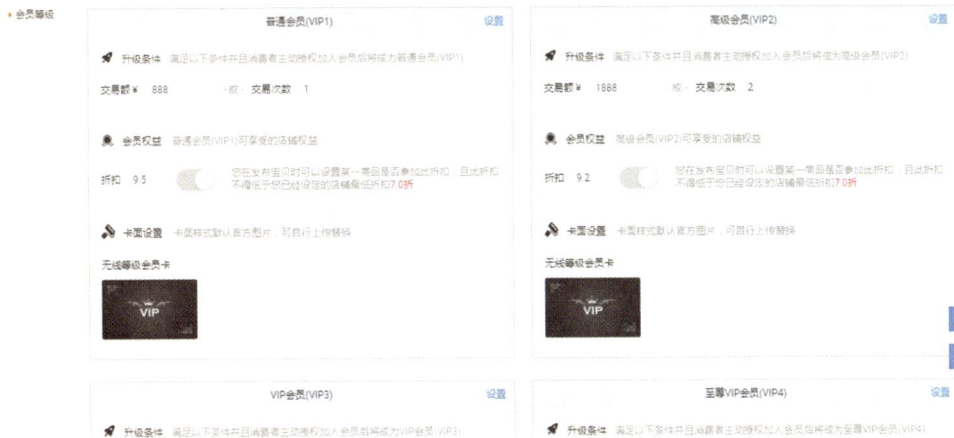

图7-1-15 设置会员等级

表7-1-1 会员权益表

类　别	适用范围
优惠券	买家消费满一定数额时，可用于抵扣商品价款
支付宝红包	买家用支付宝付款时，可用于抵扣商品价款
手机流量	买家购物即可获赠流量，此流量对接中国移动、中国联通、中国电信等运营商的全国范围流量，不限地域、不限时段使用
新会员礼包	首次注册入会24小时内即可享受，最多支持3张优惠券和1个礼品，也可单独设置优惠券或者礼品作为入会礼
会员礼包	活动生效期内，满足条件的会员进入会员中心即可领取（在弹窗上线期内有默认弹出框提示领取），最多支持3张优惠券和1个礼品
新会员专享券	店铺为招募的新会员设置的专享优惠券
会员专享券	满足专享券兑换条件的品牌会员可直接进行限量领取，无须使用该品牌积分

其中，优惠券、支付宝红包、手机流量，需要在"客户列表"界面设置。进入"客户运营平台"→单击"客户管理"中的"客户列表"，如图7-1-16所示。

图7-1-16 客户列表界面

新会员礼包、会员礼包、会员专享券、会员专享券需要在"会员权益"界面进行设置。单击"会员管理"中的"会员权益"，如图7-1-17所示。

图7-1-17　会员权益界面

接下来，我们将以设置优惠券和新会员礼包为例，进行会员权益的设置。

（1）设置优惠券

①进入"客户列表"界面，勾选要送优惠券的客户→单击"送优惠券"，进入选择优惠券界面，如图7-1-18所示。

图7-1-18　新建优惠券

②单击"新建优惠券"，进入优惠券内容界面，如图7-1-19所示。在此输入或选择相应的内容，最后单击"保存"按钮。

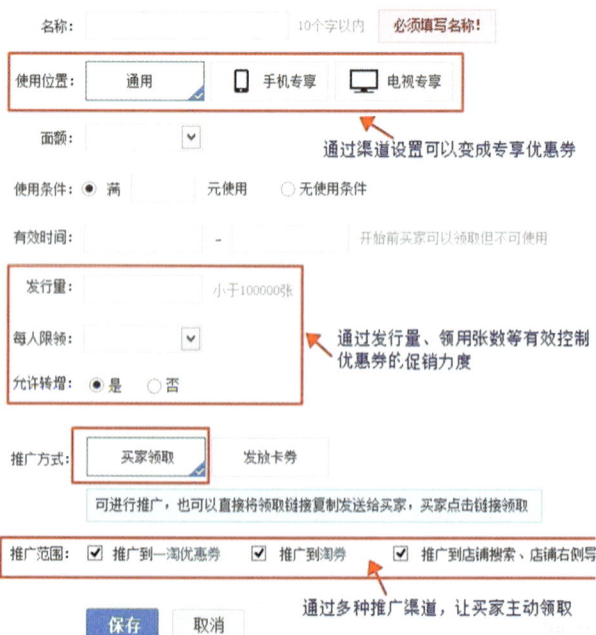

图7-1-19　优惠券内容界面

③进入选择优惠券界面，选择刚才创建的优惠券，如图7-1-20所示。

图7-1-20　选取优惠券

④单击"确定"按钮，完成优惠券的赠送，如图7-1-21所示。

图7-1-21　完成优惠券赠送

（2）设置新会员礼包

①进入"会员权益"界面，单击"新会员礼包"，进入新会员礼包界面，如图7-1-22所示。

图7-1-22　新建礼包界面

②单击"新建礼包"，进入新建会员礼包界面，如图7-1-23所示。

图7-1-23　新建新会员礼包界面

③在该界面中，填写礼包名称、礼包有效期、礼包总数，选择礼券，最后单击"创建"按钮即可。

> 【友情提示】 礼包内最少需设置1张优惠券或1个商品，最多可设置3个优惠券和1个商品，每种优惠券或商品消费者限领1份。

试一试

尝试设置其他几种会员权益。

做一做

在客户运营平台中，为自己的店铺设置合适的会员制度和权益。

阅读有益

[任务二]

NO.2

创建客户运营计划

◆ 任务描述

淘宝掌柜每天都在关注网店数据的变化，关注每天来了多少新用户，流失了多少老客户。为了留住老客户并吸引更多的新客户，保证店铺的收益，掌柜可以定期有计划地开展会员活动，如发放优惠券、专享价、专享折扣等活动，这就需要在店铺中创建运营计划。完成这一任务后，我们将能选择活动的时间，会在客户运营平台中创建客户运营计划，以便更好地维护客户，促进商品销售，保持店铺经营。

◆ 任务实施

创建客户运营计划要经过几个流程，即选择活动的时间、创建客户运营计划，如图7-2-1所示。

选择活动的时间 ▶ 创建客户运营计划

图7-2-1 创建客户运营计划的操作流程

活动一　选择活动的时间

店铺通常会在一些节假日开展活动，而这些活动时间几乎是固定的，掌握好常用的活动时间对于维护老客户非常重要。

表7-2-1　节假日

月份	活动节日名称	月份	活动节日名称
1月	元旦节	8月	七夕情人节
2月	春节	9月	教师节
	情人节		中秋节
	元宵节	10月	国庆节
3月	三八妇女节		重阳节
4月	愚人节		万圣节
	清明节	11月	11.11
5月	劳动节		感恩节
	母亲节	12月	12.12
	520情人节、亲子节		平安夜
6月	儿童节		圣诞节
	端午节		
	父亲节		
	6.18大促		

想一想

观察表7-2-1，回答问题。

1.哪些是传统节日？

_____

2.哪些节日可以做大型促销活动？

_____

在一年的电商节日中，两个时间点肯定绕不过去，一个是"双11"，一个是"618"。在"618"到来之前，如果要对客户有针对性地开展"618"年中大型促销活动，应如何创建客户运营计划呢？

活动二　创建客户运营计划

在淘宝网的客户运营平台中，有3种运营计划，见表7-2-2。

老客户618营销策略

表7-2-2　运营计划类型

活动类型	活动内容
智能店铺	通过个性化首页、定向海报、智能海报，实现千人千面的个性化首页、Banner，提升成交转化率
智能营销	针对不同群体的顾客，采用8种不同的营销策略，提升成交转化率
场景营销	定向场景化营销工具，助力商家提高转化率

如何创建客户运营计划呢？具体操作方法如下。

1.智能店铺

①登录淘宝网，单击"千牛卖家中心"→"营销中心"→"客户运营平台"，进入客户运营平台界面。

②在"运营计划"中单击"智能店铺"，即可看到如图7-2-2所示的界面。

图7-2-2　智能店铺

运用智能店铺，可以实现千人千面的个性化首页，即商家自由选择人群标签，然后关联对应的页面后实现多首页同时在线，对不同的人说不同的话，消费者进店后会看到属于他的最适合的那个首页。

【温馨提示】　千人千面个性化首页只在无线端生效。

设置个性化首页的操作方法如下：

①选人群（商家可从更多人群那自定义人群），如图7-2-3所示。

图7-2-3　选择人群

②选页面（可复制默认首页再微调或新建个性化首页），如图7-2-4所示。

图7-2-4 选择页面

③设置策略生效时间即可，如图7-2-5所示。

图7-2-5 设置时间

由于该功能还在不断完善中，因此本书暂做简单介绍。

读一读

抖音软件的火爆便是依托于它强大的智能推荐系统。它会根据你的浏览记录、停留时长、点赞评论等一系列数据分析你的喜好，然后平台推荐给你所看到的每个视频恰恰都可能是你最有可能想要看到的。

2.智能营销

在"运营计划"中单击"智能营销"选项，即进入智能营销界面，如图7-2-6所示。

图7-2-6 智能营销界面

我们可以看到，智能营销分为8种营销方法，即上新老客提醒、短信营销、兴趣客户转化、智能复购提醒和优惠券关怀、专享打折/减现、专享价、购物车营销，见表7-2-3。

表7-2-3　智能营销分类

智能营销类型	具体功能
上新老客提醒	可以在店铺上新时通知提醒店铺老客户，快速提升新品销量和好评
短信营销 （原自定义营销）	对指定人群进行优惠券、短信及定向海报营销
兴趣客户转化	针对最近3~10天有加购收藏，但是最近10天没有成交的客户，进行优惠券、短信和定向海报的营销组合投放，提升成交转化率
智能复购提醒	针对购买过店铺某些复购率较高商品的客户，在商品复购周期内，对这些客户通过消息盒子等方式推送商品复购提醒信息
优惠券关怀 （原优惠券营销）	对兴趣客户和老客户的一键式优惠券投放
专享打折/减现	针对不同标签人群的定向打折/减现营销
专享价	针对不同标签人群的定向专享价活动
购物车营销	对加购人群，在手淘购物车进行限时活动提醒

下面，我们以短信营销为例进行讲解。

①单击短信营销中的"立即创建"按钮，进入短信营销界面，如图7-2-7所示。

使用短信营销
功能

图7-2-7　短信营销界面

②创建计划名称，如图7-2-8所示。

图7-2-8　填写运营计划名称

③在明确营销目的以后，选择想要营销的目标人群，可以选择一个系统默认的推荐人群，也可以自己重新创建一个人群，如图7-2-9所示。

假设我们希望挽回那些已经很久没在店铺购买过，但是最近又有来过店铺的这群客户，则可这样操作：

④单击"新建人群"，选择"店铺无购买"，设置天数为90天，如图7-2-10所示。

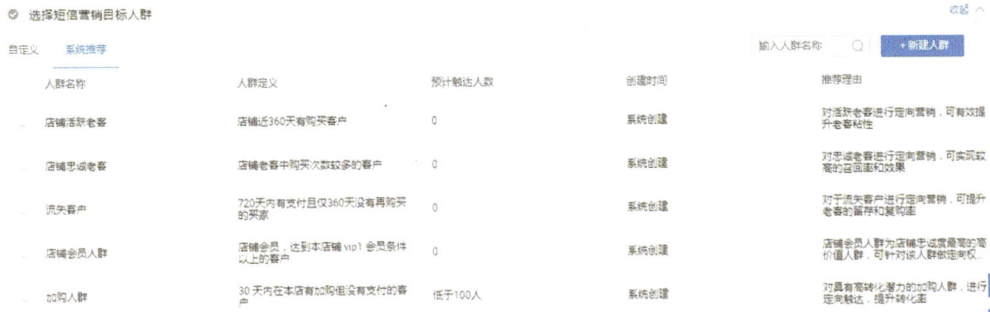

图7-2-9　选择目标人群

图7-2-10　设置店铺无购买条件

⑤选择"店铺有加购"，天数设置为30天，如图7-2-11所示。

图7-2-11　设置店铺加购条件

⑥选择"店铺有购买"，天数设置为720天，如图7-2-12所示。

图7-2-12　设置店铺有购买条件

　　这样，利用三个条件圈选出我们需要的人群：店铺历史上（720）天有过购买、最近90天没有购买、最近30天有过加购行为，这三个条件组成了我们想要的人群，并给这个人群命名：重点流失人群，如图7-2-13所示。

　　⑦单击"保存"按钮后，这个人群将出现在自定义人群列表里，选中确定即可，如图7-2-14所示。

图7-2-13　命名人群

图7-2-14　选择人群

人群添加好以后，会在编辑页面看到人群的人数，可以向人群中的所有人进行优惠券和定向海报营销，人群中有历史成交的用户可以对其进行短信营销。

⑧选择转化渠道和是否需要使用优惠券，如图7-2-15所示。

⑨确定给客户的优惠权益后，选择通过何种渠道把营销信息传递给客户。目前支持两种渠道：短信及定向海报。短信会将营销信息发送至客户的手机上，只支持对人群中的成交客户发放。定向海报是在店铺首页放置一个装修模块，此模块可以对选定人群做个性化的展示。

图7-2-15　选择通知方式

若要使用优惠券，则在"使用定向优惠券"中选择"开启"单选按钮。若没有合适的优惠券，则新建一个优惠券，推广方式选择"买家领取"，推广范围选择"客户关系管理"。

通知方式的两种渠道必须选择至少一个，建议两种渠道都选中，增加信息传递的效率，增强转化。

短信渠道的操作方式如下：

a.在通知方式中勾选"短信"，进入"短信设置"界面，如图7-2-16所示。

> 【温馨提示】　第一次使用短信功能，需要先开通短信功能。

b.在模板选择页面，有自定义模板和官方模板两种类型，自定义模板为自己创建，官方模板为系统预置的默认模板。如果希望自行创建内容，可以单击新建模板，如图7-2-17所示。

图7-2-16　短信设置界面　　　　　　　图7-2-17　新建短信模板界面

c.编辑短信，如图7-2-18所示。

图7-2-18　编辑短信

d.添加短信内容，设置发送时间（推荐智能发送），如图7-2-19所示。

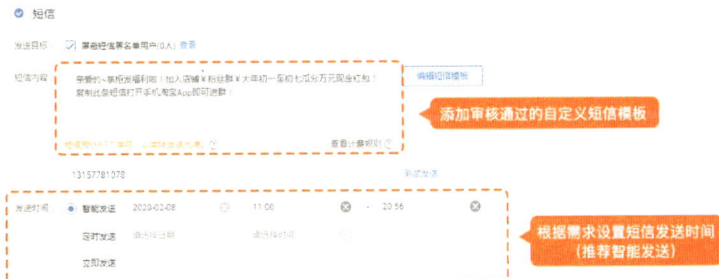

图7-2-19　设置短信发送时间

定向海报方式的操作方式如下：

在通知方式中勾选"定向海报"，添加海报内容，在跳转链接里，填写你希望买家在点击海报的时候跳转的地址，然后再选择海报投放的时间段。海报将在这个时间内生效，并对人群进行定向展示，如图7-2-20所示。

⑩人群、权益和渠道都设置完成后，设置好策略名称，单击创建运营计划，整个营销

计划就创建完成了，如图7-2-21所示。

图7-2-20　定向海报通知方式

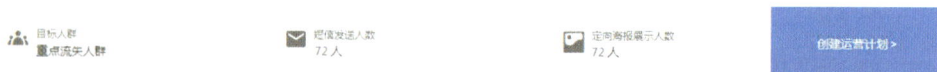

图7-2-21　创建运营计划

【友情提示】　计划启动以后，不能对其进行编辑和删除，但如果不希望计划执行，可以终止计划。

由于本书篇幅有限，其他几种智能营销方式请同学们自己尝试。

3.场景营销

在"运营计划"中选择"场景营销"，将进入场景营销界面，如图7-2-22所示。

图7-2-22　场景营销

在场景营销界面中，有很多的定向场景化营销工具，助力商家提高转化率。

这里，我们以活跃老客营销为例。

①单击"查看全部"→找到"活跃老客营销"并进入活跃老客营销活动界面，如图7-2-23所示。

②在活动基本信息中，填写策略名称，如"618营销活动"。

③在选择人群中，已经定位为店铺活跃老客户，系统自动统计人群规模。

④选择触达渠道，包括三种：短信、红包卡券和海报，如图7-2-24所示。

图7-2-23 活跃老客营销活动

图7-2-24 触达渠道

这里的触达渠道与短信营销的通知方式类似，本书将不再赘述。

[任务三]   NO.3

推送信息

◆ 任务描述

店铺在开展老客户活动之前，还需要给老客户推送活动信息，通知老客户活动时间、活动内容，以便唤醒会员。一般使用短信、邮件、电话、即时聊天工具推送消息至客户端。完成这一任务后，我们将能结合老客户的特点，通过恰当的方式向老客户推送信息，达到激活老客户，成功推进活动的目的。

◆ 任务实施

推送信息要经过三个流程，即了解信息推送的含义、认识信息推送的方法、推送信息，如图7-3-1所示。

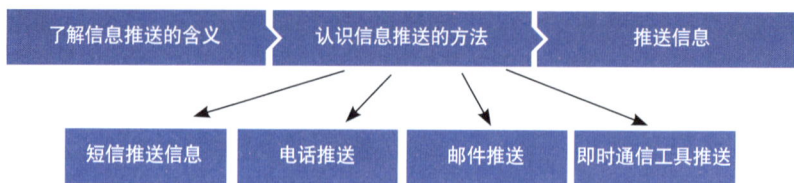

图7-3-1　推送信息的流程

活动一　了解信息推送

所谓信息推送，就是"Web广播"，是通过一定的技术标准或协议，在互联网上定期传送用户需要的信息来减少信息过载的一项新技术。推送技术通过自动传送信息给用户，来减少网络上搜索的时间。

活动二　认识推送信息的方法

给老客户推送信息的方法很多，常用的有四种，如图7-3-2所示。

图7-3-2　常用的4种信息推送方式

图7-3-3　"618"活动期间收到的短信

活动三　推送信息

1.推送短信信息

（1）短信推送的定义

短信推送是指通过电信、移动或联通公司向客户发送短信息的过程。短信内容既要能吸引客户的眼球，能调动起客户购买商品的欲望，也不能影响客户，否则消息将会被客户屏蔽，如图7-3-3所示。

❓ 想一想

观察图7-3-3，思考以下问题：

① "618年中大促"卖家推送的短信，属于以下哪种类型？

营销短信：包含618大促预热、唤醒、关怀、618当天营销短信等。

服务短信：包含618当天的订单催付、发货提醒、延迟发货提醒、商品到达提醒等，其中发货和订单催付是每个卖家基本都会涉及。

②观看图7-3-4中的短信，你想进入短信中的QQ群吗？为什么？

【聚划算】尊敬的淘宝会员:您获得了进群资格邀请您进
QQ群号48413***进群验证码18群内每天抢秒杀活动天天
免费红包 退订回T

图7-3-4　聚划算短信

③观看图7-3-5中的短信，你想进入这家你曾经购买过商品的旗舰店看看吗？为什么？

亲，XXX公司双11大促开始了!全场6折商品限量抢购，满
1000包邮，参加抽奖赢话费活动，更有苹果6手机等你来
拿!今年只此一次，错过一天，后悔一年!【XXX旗舰店】

图7-3-5　某旗舰店短信

④由此对比，说明短信推送要注意什么呢？

（2）短信推送信息的技巧

①理清短信的骨架。营销短信骨架就是用最短的语句向用户传达："我是谁""现在要干吗""能为你带来什么"（描绘场景，与用户产生利益关联），如"××理财平台，10月11日5周年庆，注册即享2 000块新人大礼包"。

②明确发短信的目的。发短信的目的主要有以下4个：

告知：如"某某产品上架了，有什么优惠"等；

提醒：如"双十一，不止5折"等；

说服：如"京东，多、快、好、省"等；

强化：如"十年送礼脑白金"等。

③引起顾客的注意。理清想要传达核心信息之后，可以适当加一些形容词引起用户注意，营造紧迫感，如"不看后悔，仅此一天，限量100"等。

④让顾客产生兴趣。如果你的短信没办法即时引起顾客的兴趣，那它一定是平庸的，要学会找同一群体客户里的共性，给他们贴标签，超出他们的预期，激发他们的共同兴趣，如"漂亮的产品不如实力派"。

⑤诱惑触发行动。前面所有的准备动作都是为了一个目的，引导用户产生消费。所以引起用户注意，让他们产生兴趣后，还要做一件事，那就是触发行动，让顾客立即消费，或者引导他们将产品加入购物车、收藏店铺等，这些都是触发其行动的方式。通常触发行为的方式都是利诱，如"前100位顾客免单""前100位收藏的用户能获取代金券、折扣券"等。

做一做

参照你所收到的信息，为本店编辑一条"618年中大促活动"的短信推送给客户。

2.推送语音信息（以电话为例）

（1）电话推送的定义

电话推送是指用给客户打电话的方式来推送信息。相对来说，电话推送信息的威力会

更强，不过这只能针对一部分精准度、忠诚度非常高的老客户，直接电话回访，通知发放活动礼物等，刺激老客户的复购。

（2）电话推送的话术流程

想要成功地进行电话推送，在与老客户交流时可以采用一定的话术流程，如图7-3-6所示。

图7-3-6　电话推送的话术流程

做一做

请两个同学为一组，其中一个同学扮演老客户——买家，一个同学扮演"渝记椒派食品公司"的工作人员，以打电话的方式给买家推送信息。

3.推送邮件信息

（1）邮件推送的定义

邮件推送是指将消息通过电子邮箱发送到客户邮箱中的过程。邮件信息的内容可以链接网页，让客户直接点击就可以跳转到店铺中，这样更方便客户查找产品信息，如图7-3-8所示。

说一说

观察图7-3-7，说一说这一封邮件中包含了哪些内容？

图7-3-7　收到的邮件

（2）邮件推送的技巧

①给老客户发送邮件要具有针对性。

②邮件内容要图文并茂，主要目的是通知客户活动信息，提前锁定客户。

③若发放优惠券，可在邮件中添加优惠券的领取链接，并注意邮件标题的优化。

④在邮件内容中，增加店铺的链接，方便客户直接点击可以跳转到店铺中浏览商品。

⑤为防止骚扰，在邮件中需要增加退订选项。

做一做

打开QQ邮箱，替渝记椒派食品公司编辑一封"618年中大促"活动的邮件，发送给老师，参考图片如图7-3-8所示。

图7-3-8　邮箱推送信息的参考图片

4.即时通信工具和社交媒体推送信息

在电商环境下，还可以使用千牛、微信、QQ、微博等即时通信工具和社交媒体向客户推送消息，如图7-3-9所示。下面将对这些软件的使用进行具体介绍。

图7-3-9　即时通信工具和社交媒体

（1）使用千牛群推送信息

千牛有一个群发功能，在几秒之内就能将促销广告发到你所在的千牛群。

①打开"千牛"，进入千牛首页→单击"接待中心"图标，打开聊天窗口。

②选择"我的群"，在弹出的群中，选择一个客户群，如图7-3-10所示。

③在消息对话框中，添加图片和文字信息，如图7-3-11所示，单击"发送"即可。

图7-3-10　群发消息

图7-3-11　群发信息

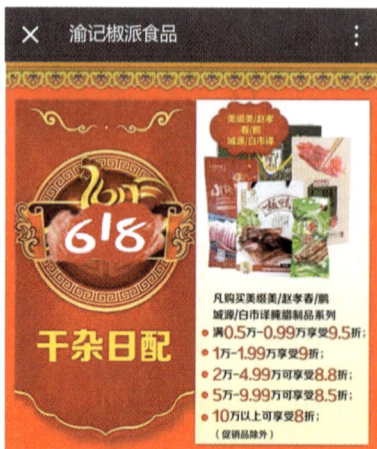

图7-3-12　微信公众号活动信息

使用微信推送信息

做一做

用千牛给你的顾客推送一条"618年中大促"活动信息。

（2）使用微信公众号推送信息

随着微信的问世，人们的沟通方式再一次被改变，如今，无论何时何地，都能发现有人在使用微信。因此可以用微信平台给客户推送信息。

①在店铺的首页或寄送给客户的宣传单上，印制一个二维码，让客户能扫码添加"渝记椒派食品公司"的微信公众号。

②在微信公众号中，发布一些活动信息，如图7-3-12所示。

③除此之外，还可以在朋友圈推送信息。

📖 试一试

使用微信朋友圈，为"渝记椒派食品公司"发送一条"618年中大促"的活动信息。

（3）使用QQ群推送信息

如果已经建立了客户QQ群，则可以利用QQ群给客户推送信息，如图7-3-13所示。

图7-3-13　QQ群群发的信息

🔍 做一做

使用QQ软件，给客户发送一条"618年中大促"的活动信息。

（4）使用微博推送信息

利用"渝记椒派食品"的官方微博推送活动信息，也可以在微博上组织一些活动，例如，组织粉丝完成关注官方微博，转发活动微博并@3位好友即可领取店铺20元优惠券的活动，如图7-3-14所示。

图7-3-14　微博推送信息

171

快乐成长

做一做

利用微博，组织一次让客户转发"618年中大促活动"给10位好友，然后领取50元店铺抵用券的活动。

【温情提示】　信息推送时，除了单独推送以外，还可以进行联合推送。联合推送是指，与目标客户群相似、彼此之间不存在竞争关系的商家，找到一个共同的营销点，联合对客户推送信息。

◆ 项目小结

本项目介绍了客户针对性营销过程。通过学习本项目，能了解什么是客户标签，什么是客户分组，怎样查看店铺客户信息，能掌握添加客户标签、设置会员制度和权益的方法，并能对客户有针对性地创建运营计划、推送信息。在客户针对性营销的过程中需要注意以下几点：

①要建立一个周全的客户资料库。

②在资料库中将客户按照一定的标准来进行分组，然后用不同的策略予以特别对待，或根据利润大小来分配工作时间，赢得更多的商业利润。

③店铺产品的折扣或者优惠活动要第一时间通知客户，对老会员和新会员可采取特殊的优惠政策。

④经常联系或回访客户，节假日时可以给他们发送短信或电子邮件进行问候，时时联络感情。

⑤在维护老客户的同时也要开发新客户。

⑥进行客户维护成败分析，对于流失的客户，首先要找到问题的症结所在：客户为什么会流失？是什么时候流失的？要把更多的工作重点放在症结所在，深度挖掘，对症下药。

总之，维护客户，留住客户，将客户转为忠实客户是我们的最终目标。所以维护好客户是重中之重，不可忽略。

◆ 身边的案例

小米手机是如何做社群营销的

1.明确社群定位，寻找目标人群

在做小米手机系统(MIUI)时，雷军下达了一个指标：不花钱将MIUI做到100万用户。于是，MIUI的负责人黎万强只能通过论坛做口碑：整天泡论坛，找资深用户，几个人注册了上百个账户，天天在手机论坛灌水，发广告；又精心挑选了100位超级用户，参与MIUI的设计、研发、反馈等。借助这100人的口碑传播，MIUI迅速得以推广。

2.线上结合线下，营造用户参与感

不仅在线上紧密联系目标群体，小米还有一个强大的线下活动平台"同城会"。每次活动邀请30~50个用户到现场与工程师做当面交流，极大地增加了用户的粘性和参与感。小米把"与米粉交朋友"作为企业文化宣导，更赋予小米的一线员工很大的权力。例如，在用户投诉时，客服有权根据自己的判断，自行赠送贴膜或其他小配件。小米内部非常重视人性化服务，也使其成为业内低成本口碑宣传的典范。

◆ 项目检测

一、选择题

1.在日益激烈的市场竞争环境下，企业仅靠产品的质量已经难以留住客户，（　　　）成为企业竞争制胜的另一张王牌。

A.产品　　　　　　　B.服务　　　　　　　C.竞争　　　　　　　D.价格

2.著名经济学的2∶8原理是指（　　　）。

A.企业80%的销售额来自20%的老顾客

B.企业有80%的新客户和20%的老客户

C.企业80%的员工为20%的老客户服务

D.企业80%的利润来自20%的老顾客

3.（　　　）是指客户对某一特定产品或服务产生了好感，形成了偏好，进而重复购买的一种趋向。

A.客户满意度　　　B.客户价值　　　　　C.客户忠诚度　　　D.客户利润率

4.客户忠诚度是建立在（　　　）基础之上的，因此提供高品质的产品、无可挑剔的基本服务、增加客户关怀是必不可少的。

A.客户的盈利率　　B.客户的忠诚度　　　C.客户的满意度　　D.客户价值

5.在客户关系管理里，可以根据不同的维度去细分客户群，可以根据客户的价值进行划分，可以根据客户与企业的关系划分，可以根据客户的状态划分，以下客户类型不属于根据客户的状态进行分类的是（　　　）。

A.新客户　　　　　　B.忠诚客户　　　　　C.流失客户　　　　　D.中小商户

二、填空题

1.客户生命周期包括_____、_____、_____、_____。

2.客户信息推送的方式有_____、_____、_____、_____。

3.创建客户运营计划的三种方式：_____、_____、_____。

4.淘宝店铺的会员一般包括四级，即_____、_____、_____、_____。

5.客户关系管理侧重于管理企业的_____，企业资源规划则侧重于管理企业的内部资源，同时企业资源规划在管理企业内部资源时，必须保证企业各种资源围绕客户资源进行配置，所以二者在功能上存在交叉的模块。

三、操作题

1.请按下图设置会员制度。

| 普通会员 | 交易额 ¥ | 200.00 | 或 | 9.0 | 折 |
| | 交易次数 | 2 | 次 | | |

☐ 可自动升级　高级会员　交易额 ¥ 500.00 或 8.80 折
交易次数 5 次

☐ 可自动升级　VIP会员　交易额 ¥ 1000.00 或 8.50 折
交易次数 8 次

☐ 可自动升级　至尊VIP会员　交易额 ¥ 1500.00 或 8.00 折
交易次数 10 次

2. "双十一"即将来临，请为销售豆腐干类、凤爪、坚果类、肉类等产品的某公司创建客户运营计划。

四、简答题

1.在淘宝客户运营平台中，智能营销包含哪些类型?

2.实施千人千面个性化首页对商家有什么意义?

◆ 项目评价

项　目	标　准	配分/分	得分/分
分析客户	查看店铺客户的信息	5	
	说出客户分组的几种类型	5	
	说出常见的客户标签，会对店铺的客户添加标签	10	
	在店铺中设置会员制度和权益	10	
创建客户运营计划	选择活动时间	5	
	创建客户运营计划	25	
推送信息	使用短信推送信息	10	
	使用电话推送信息	10	
	使用邮件推送信息	10	
	使用即时通信工具推送信息	10	
总　分		100	

项目八
淘宝直播

【项目概述】

近期，小林发现许多淘宝店铺在做直播。通过数据分析发现，淘宝直播能给店铺带来新的粉丝，可以促进粉丝活跃度；观看直播的人能详细了解商品信息，提高转化率，增加店铺的销售额。小林也打算开通自己店铺的淘宝直播，以此来展示和销售本店铺的豆腐干产品。在本项目中，我们将了解淘宝直播的发展现状，认识平台大主播和淘宝直播设备，熟悉淘宝直播平台的管理规范，掌握如何申请直播认证、策划直播方案、开展直播活动，以及汇总直播数据和分析直播数据。

【项目目标】

知识目标

熟悉淘宝直播平台管理规范；

了解淘宝直播发展现状；

认识淘宝直播设备；

了解直播策划方案。

技能目标

能申请店铺的直播权限；

能策划直播方案；

能顺利开展直播；

能灵活使用"淘宝主播"及直播中控台汇总和分析数据。

思政目标

提高学生的风险防范意识；

树立学生团队合作和诚实守信的职业精神；

让学生养成自觉遵守平台规范及协议的习惯；

培养学生人格平等、承担责任的道德修养。

[任务一]

走进淘宝直播

◆ 任务描述

小林在开展直播前，决定先了解淘宝直播的发展现状、所需设备及规范。完成这一任务后，我们将能做好淘宝直播前设备购置等准备工作。

◆ 任务实施

走进淘宝直播需要准备智能手机或者电脑一台，还需要有流畅的网络保障。其基本流程图如图8-1-1所示。

了解淘宝直播现状 ▶ 认识大主播 ▶ 认识淘宝直播设备 ▶ 了解淘宝直播平台管理规范

图8-1-1　走进淘宝直播流程图

活动一　了解淘宝直播现状

淘宝直播是阿里巴巴推出的直播平台，2016年3月开始试运营，2016年4月21号正式发布。淘宝直播平台的定位为"消费类直播"平台，用户可以边观看直播边购买产品。淘宝直播的带货能力在2019年全面爆发，淘宝直播销售的商品数量同比增长190%，其趋势如图8-1-2所示。

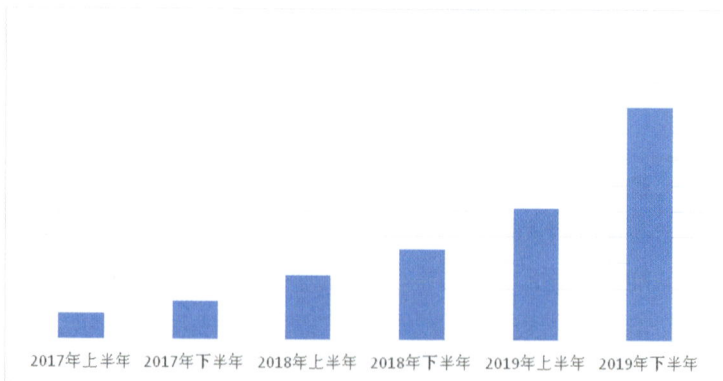

图8-1-2　淘宝直播带货规模趋势图

淘宝直播平台中展示有不同类别的商品，如美妆、食品、女装、男装、家纺、汽车等，几乎做到了"万物皆可播"。淘宝直播日均展示商品数量趋势如图8-1-3所示。

通过数据分析可知，越来越多的人群加入了淘宝直播，除卖家、网红外，影视明星、知名主持人等都开始充分利用自己的粉丝量，开展淘宝等直播带货。其中，女主播占比高于男主播，女主播偏爱女装类目，男主播喜欢3C数码、大家电、家装、汽车、运动户外等类目产品。

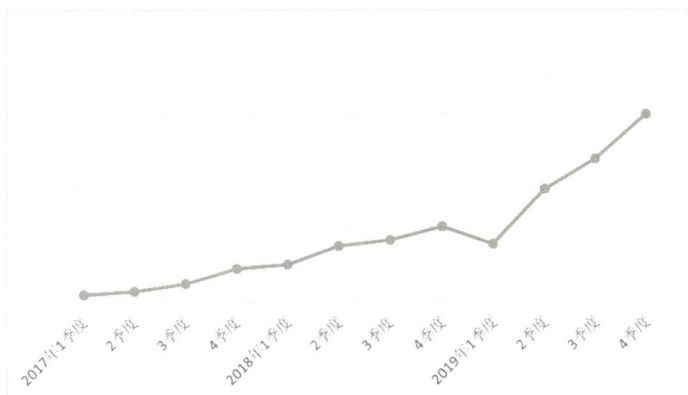

图8-1-3　淘宝直播日均展示商品数量趋势图

做一做

在搜索引擎中输入"如何成为一名淘宝主播"，将找到的步骤写在下面横线上。

_____

活动二　认识大主播

淘宝直播平台的主播数量非常惊人，但是优秀的主播数量有限。小林在进入淘宝直播前，决定先观看平台中大主播的直播，学习他们的直播方式和技巧。进入"直播眼"网站，登录后单击"主播榜单"，查看淘宝主播排行榜，图8-1-4为2020年4月淘宝主播排行榜。

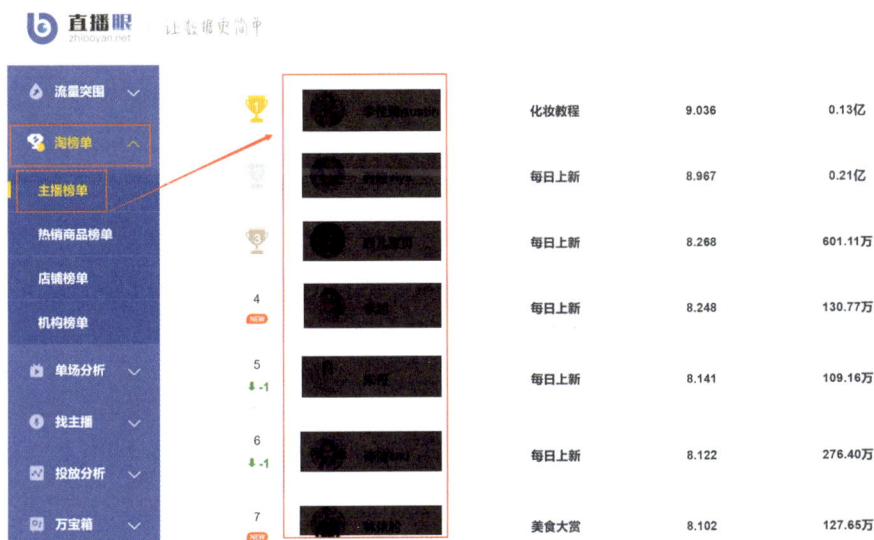

图8-1-4　淘宝直播平台主播排名图

数据显示，排名前面的主播都是大众熟知（排名会实时更新）。其中，在女主播占据淘宝直播大半壁江山的情况下，男主播也可以凭借每天试用几百种口红的拼劲，收获大量粉丝，2018年"双十一"和马云比赛直播卖口红，5分钟卖出1.5万支，秒杀马云。

🔍 做一做

打开淘宝App或者淘宝直播App，观看大主播们的直播，请写出他们直播间的人员构成，然后上网查询资料，看一看是否需要补充。

除了关注淘宝直播中排名靠前的主播外，小林意识到，要想直播有进步，还需要关注同行业的直播。于是，小林打开淘宝直播App，搜索"豆腐干"，观看了几家豆腐干销量较高的直播间。同时，也通过淘宝直播的"美食吃货"频道，观看了一些销售其他零食的优秀直播间。

❓ 想一想

观看同行业的直播间后，你认为需要关注什么内容？请写在下面的横线上。

活动三　认识直播设备

直播之前必须准备好直播设备，直播设备越好，直播时的画面就越清楚。小林了解到，淘宝直播可以通过手机开播，也可以通过计算机开播，需要的设备大同小异，基础设备就是智能手机、三脚架、计算机，进阶设备包括美颜灯、球形柔光灯、麦克风、胸麦、摄像头等，如表8-1-1所示。

表8-1-1　淘宝直播进阶设备表

设备名称	图　片	作　用
美颜灯		用于补光； 让皮肤更加白皙光滑
球形柔光罩		用于补光； 削弱光线的硬度； 去除画面中的阴影

续表

设备名称	图　片	作　用
麦克风		放大音量，但会增加噪声
胸麦		可以解放双手； 适合吃播、美食主播收音
摄像头		罗技c930e/925c； 可提供广角视野、高清变焦； 适合开高清直播

做一做

上网查询，表8-1-1中直播设备的价格和参数，请将你查询到的信息填写在表8-1-2中。

表8-1-2　淘宝直播设备价格参数表

工　具	品　牌	价　格	参　数	优　点
三脚架				
美颜灯				
球形柔光罩				
麦克风				
胸麦				
摄像头				

活动四　了解淘宝直播平台管理规范

1.平台规范

小林了解到，开展淘宝直播活动需要遵守相应的规则。他阅读了《内容创作者管理规则》，发现违规类型分为A类违规、B类违规和C类违规三种。"C类违规"是指推广假冒商品行为，即推广假冒注册商标商品或盗版商品的行为；"B类违规"是指严重违规，即除推广假冒商品行为外，其他严重破坏平台运营秩序或涉嫌违反国家法律规定的行为；"A类违规"是指一般违规行为，即除推广假冒商品行为和严重违规行为以外的违规行为。对于不同的违规行为，根据情节严重程度会被扣除相应的分数，并采取相应处理措施，见表8-1-3。

了解淘宝直播平台管理规范

179

表8-1-3　淘宝直播违规扣分表

违规类型	情节严重程度	处理措施
A类违规	每12分	限制图文、短视频、直播内容发布3天
B类违规	12分	限制图文、短视频、直播内容发布7天
	24分	限制图文、短视频、直播内容发布14天
	36分	限制图文、短视频、直播内容发布28天
	48分	清退创作者身份
C类违规	12分	限制图文、短视频、直播内容发布7天
	24分	限制图文、短视频、直播内容发布14天
	36分	限制图文、短视频、直播内容发布28天
	48分	清退创作者身份

知识窗 🔍

　　淘宝直播员的分数很重要，B类或者C类违规扣分达到48分，会被清退创作者身份，即封停直播账号。C类违规达到三次也会被清退创作者身份，即"三振出局"制。同时也存在分数清除机制，创作者的违规扣分在每年的12月31日23时59分59秒清零。创作者因推广假冒商品扣分累计达24分及以上的，该年不清零，以24分计入次年；次年新增推广假冒商品扣分未达24分的，违规扣分于该年12月31日23时59分59秒清零。

ZHISHICHUANG

🔍 **做一做**

根据以上规则，请写出哪三种情况会被清退创作者身份？

_____

　　小林详细阅读了规则中的第二十四条"骚扰他人"，发现根据情节严重程度不同，可被判定为A类违规或者B类违规，如图8-1-5所示。

第二十四条 骚扰他人 ❓
【定义】创作者对他人实施骚扰、侮辱、恐吓等妨害他人合法权益的行为。
【违规行为纠正】限制内容展示、拉停直播、删除违规内容
【违规类型】一般违规行为（A类）/严重违规行为（B类）
【违规扣分与违规处理措施】
（一）情节轻微，限制内容发布24小时；
（二）情节一般，每次扣A12分；
（二）情节严重，每次扣B48分。

图8-1-5　"骚扰他人"违规行为

　　单击标题右上角问号❓，进入规则解读界面，即可查看哪些情节属于"骚扰他人"的范畴，如图8-1-6所示。

规则解读：

一、"骚扰他人"情节如何认定？

（一）骚扰他人情节一般的，包括但不限于：通过电话、短信、阿里旺旺、邮件等方式向他人发送垃圾讯息（如不明验证码等）或联系频次异常，造成他人反感的行为。

（二）骚扰他人情节严重的，包括但不限于：通过电话、短信、阿里旺旺、邮件等方式向他人大量发送垃圾讯息、频繁地联系他人，或多次在深夜、凌晨等不适宜交流的时间段内联系他人，影响他人正常生活的行为；或通过短信、阿里旺旺、邮件等方式或在评论、交易留言板中对他人实施侮辱、恐吓的行为。

（三）骚扰他人情节特别严重的，包括但不限于：严重影响他人正常生活，给他人身心造成极大伤害，或造成严重恶劣影响的行为，如向用户邮寄冥币、寿衣等让人产生反感的物品的行为。

图8-1-6　"骚扰他人"规则解读

做一做

根据平台第二十四条规则，对以下不同"骚扰他人"的情节进行扣分，并填写表8-1-4。

表8-1-4　不同情节扣分表

情　节	违规类型	扣　分
发短信，造成他人反感		
打电话恐吓他人		
在深夜、凌晨频繁联系他人，影响他人正常生活行为		

2.直播间常见违规行为

直播间常见违规行为有：

①男性或者小孩半裸，女性穿着暴露等。

②有抽烟、辱骂他人或血腥暴力画面。

③空镜头15分钟以上。

④引导观众进行线下交易。

⑤违规声明商品不退不换（除特殊类目商品）。

⑥直播间长时间大面积播放电视剧、新闻、动漫等不宜播放内容。

快乐成长

《内容创作者管理规则》是淘宝直播平台和阿里创作平台必须遵守的规章制度，应认真阅读这三个协议：《淘宝网营销活动规范》《天猫商家营销准入基础规则》《淘宝网市场管理与违规处理规范》。

KUAILE CHENGZHANG

[任务二]

NO.2

开展直播活动

◆ **任务描述**

小林搭建好直播环境之后，准备申请淘宝直播账号，并开展直播活动。完成这一任务之后，我们将能策划一场淘宝直播并开展直播活动。

◆ **任务实施**

开展直播活动要经过几个流程，即熟悉淘宝直播平台管理规范，然后申请直播认证，策划直播方案，最后开展直播活动，如图8-2-1所示。

| 申请直播认证 | → | 策划直播方案 | → | 开展直播活动 |

图8-2-1 开展直播活动流程图

活动一 申请直播认证

小林通过查看淘宝直播平台管理规范了解到，申请淘宝直播认证需要先获得淘宝直播发布权限，再进行淘宝直播认证，店铺才能在微淘或者淘宝集市/天猫店铺首页展示。

①获取直播发布权限之后，打开手机"应用市场"App搜索"淘宝主播"→下载，如图8-2-2所示。

②输入店铺账号和密码（主账号）→单击"主播入驻"→"商家入驻通道"，如图8-2-3所示。

③单击同意"授权声明"，进入主播入驻认证界面，单击"实人认证"→同意开启摄像头功能，如图8-2-4所示。

如果您是商家，请点击：

商家入驻通道

如果您是达人，请点击：

达人入驻通道

Q 淘宝主播 ✕ 搜索

淘宝主播
淘宝直播主播必备工具 打开

图8-2-2 下载"淘宝主播"图

图8-2-3 "商家入驻通道"图

图8-2-4　主播认证界面图

④填写主播入驻资料。上传头像和填写昵称（头像和昵称最好与店铺产品或特色相关），勾选"我已阅读并同意《淘宝直播平台服务协议》"和"我已阅读并同意《阿里创作平台合作协议》"，单击"完成"按钮，即可成功入驻，如图8-2-5所示。

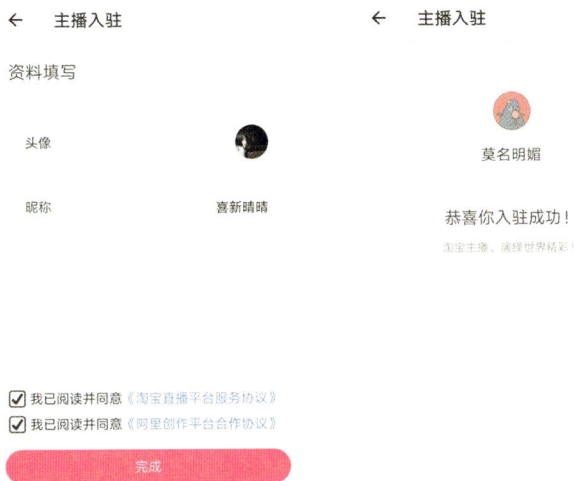

图8-2-5　填写主播入驻资料图

🔍 做一做

请完成手机端淘宝直播的设置，写出你申请的主播昵称及原因。

_____

活动二　策划直播方案

策划直播方案主要由运营组负责，在直播开始之前，必须写好直播脚本，直播前可以发布预告、做好宣传，提前为直播做准备。策划方案需要确定主播人选、开播时间、直播标题及简介、产品及互动方式、直播目标、推广渠道等内容，详情见表8-2-1。

阅读有益

表8-2-1 直播策划方案内容表

主播昵称	店铺主播名称
针对人群	店铺粉丝及潜在新粉丝
直播时间	根据店铺粉丝画像确定开播时间（直播时间不宜过短）
直播主题	根据店铺、产品或节日决定
直播目标	增加粉丝数量、回馈粉丝等
推广渠道	店铺banner、客服导流、微博、微信等渠道
产品	写出每个产品的概况、卖点和用户需求点
流程	①调试软硬件环境；②助理在微信、微博等社交平台发布直播预告；③开播送粉丝福利；④介绍新品及折扣；⑤依次介绍产品；⑥与粉丝互动；⑦复盘分析等
互动方式	①卖关子，引导粉丝猜价格；②点赞关注抽红包；③制造共同话题；④限量抢购、秒杀活动；⑤购买送礼物；⑥增加趣味性，如唱歌、与粉丝做游戏

小林根据表8-2-1中的内容，为他的淘宝店铺写了一份单场直播策划，见表8-2-2。

表8-2-2 单场直播策划表

主播	小林	
直播主题	豆腐干小零食，美味俏生活	
推广渠道	店铺banner、客服导流、微博、微信等渠道	
直播时间	19:00-21:00	
直播目标	吸引新粉丝、为店铺增加粉丝数量	
目标人群	潜在粉丝（偏好豆腐干零食的人群）	
时间段	内容安排	描述关键词
18:30—19:00	①调试软硬件环境；②在微信、微博等社交平台发布直播预告；③主播再次熟悉流程和产品卖点	—
19:00—19:10	①介绍本次直播的主播、主题、时长等；②开播抽奖，鼓励观众分享直播间	宝宝们、抽奖倒计时、分享直播间等
19:10—19:20	①试吃一号产品，描述口感，引发共鸣；②描述产品的包装、配料、保质期等信息	独立小包装、孜然香、嫩滑有弹性等
19:20—19:40	①试吃二号产品，描述口感，与一号做对比；②描述产品信息；③限量50件低价抢购	麻辣可口、追剧必备、9.9元限量、油亮光泽等
19:40—20:30	①依次试吃三、四、五号产品，描述口感；②描述产品信息，着重介绍安全性；③三号产品设为福利款	加购有礼、观看满半小时送豆腐干、食品安全认证等
20:30—21:00	①瓜分现金红包，预热21:00订单号抽奖；②描述品牌故事，介绍新吃法（豆干炒菜）；③订单抽奖	麻辣豆腐干炒辣椒、宅家好菜、成功下单 1件抽奖等

试一试

根据以上直播策划内容，结合店铺产品特点、主播人设、节日促销等，尝试写一份直播策划方案。

活动三　开展直播活动

根据直播策划内容，即可开展直播活动。在发布直播前要确保有稳定的Wi-Fi或者移动网络，更新"淘宝主播"App到最新版本，条件允许的情况下，可使用补光灯及防抖效果。

①打开"淘宝主播"App，单击"创建直播"，进入创建直播界面，如图8-2-6所示。

图8-2-6　创建直播图

②上传封面。封面图需要上传两张，一张为1∶1封面图，另一张为16∶9封面图，且两张内容要协同一致。封面图不掺杂文字（除平台要求的角标之外），不使用拼接图片，不使用表情包等元素，不使用带有播放器的按钮，内衣等贴身衣物不出现人物、模特元素，如图8-2-7所示。

图8-2-7　直播封面图

③选择直播类型。直播类型通常选择为竖屏，适合横屏的场景则选择横屏，以便用户观看，如图8-2-8所示。

④标题在12个汉字内（空格、标点符号算半个），不放利益折扣信息等（如"秒杀"）以及"#"符号，切中粉丝需求，不啰唆。内容简介第一段写对标题进一步的解释，简单明了，有吸引力；第二段可写"粉丝福利+有行动力的文案"（如"速来围观"），如图8-2-9所示。

画面比列

横屏 　 竖屏

确定

图8-2-8　选择直播类型图

直播类型　竖屏 - 普通直播　✓

直播标题　渝记豆干麻辣嫩滑　✓

内容简介　寒假宅家零食必备，渝记豆干，　✓
　　　　　小包装庆风味；关注每满50抽现
　　　　　金红包，速来围观！

图8-2-9　填写标题及简介图

乐活　　　　方便速食

买全球　　　营养滋补

美食　　　　休闲零食

男士　　　　海鲜水产

珠宝　　　　肉禽蛋品

图8-2-10　选择频道栏目图

⑤填写频道栏目。根据店铺产品和活动确定频道栏目，要选择合适的频道栏目，例如麻辣豆腐干产品就不能选择"美妆"频道，而应该选择"美食"→"休闲零食"频道。选择"休闲零食"这一子标签后，要确保满足子标签选择要求，即直播间主营宝贝70%以"零食/坚果/特产"为主，如图7-2-10所示。

【友情提示】　不同频道栏目的流量竞争也是不同的，所以在选择频道栏目时，可考虑优先选择竞争小的频道。例如，在同一时间，"村播"→"云贵川滇"频道的在线直播间数量明显少于"美食"→"休闲零食"频道的时候，可优先选择"村播"→"云贵川滇"频道，为店铺获取更多的流量和曝光度。

做一做

打开浏览器，登录淘宝直播PC中控台，查看《淘宝直播白皮书》，进入"直播标签"子栏目，根据白皮书内容填写表8-2-3。

表8-2-3　店铺的分类原则

序号	频　道	频道子标签分类	子标签选择要求
1	美食	休闲零食	
2	穿搭	每日上新	
3	美妆	口红试色	
4	真惠选	9.9元封顶	

⑥选择地点。直播地点选择要真实，如图8-2-11所示。

直播地点 重庆 重庆 ✓

图8-2-11 选择地点图

⑦单击添加宝贝→选择直播需要推荐的商品→单击"创建直播"。在网络环境较好的情况下，可优先选择"是，我要开高清"；一般情况下，选择"否，普通直播"即可，如图8-2-12所示。

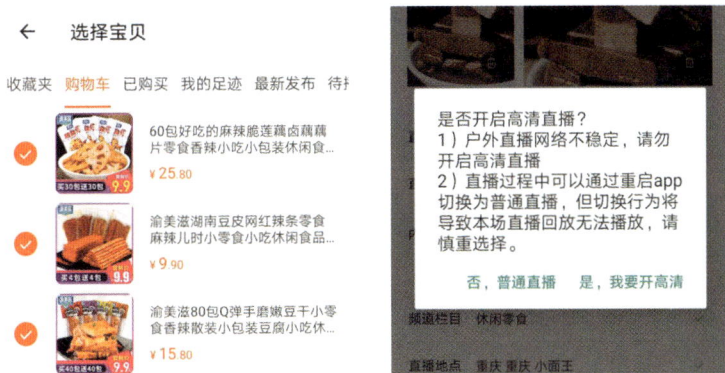

图8-2-12 选择宝贝完成创建图

想一想

开高清直播除了需要网络稳定，还需要哪些条件呢？请写在横线上。

_____

做一做

登录淘宝直播平台，输入商家账号、密码，进入淘宝直播中控台，模仿移动端开展直播步骤，尝试通过淘宝直播中控台发起一场直播。

［任务三］

NO.3

查看与分析直播数据

◆ 任务描述

直播结束后，小林需要分析直播的店铺流量、销售额等数据，查看直播的效果并优化直播。学习本任务后，你将能查看并分析直播数据。

◆ 任务实施

分析直播数据时，首先要对直播数据进行收集汇总，然后进行整理分析，如图8-3-1所示。

图8-3-1　分析与优化数据流程图

活动一　汇总直播数据

直播数据包括商家直播自身数据，如商家直播时段、时长、商品种类、直播间浏览次数、流量来源、商品点击数、人均观看时长、新增粉丝数等。

登录淘宝直播平台，进入淘宝直播PC端中控台。单击"我的直播"→"查看数据详情"，如图8-3-2所示。进入生意参谋数据详情频道。

查看与分析直播数据

图8-3-2　查看数据详情图

数据详情包括直播间整体浏览次数（PV）、商品点击次数、流量来源、粉丝资产、商品排行等数据，如图8-3-3所示。

根据图8-3-3，得到汇总表格见表8-3-1。

表8-3-1　数据汇总表

浏览次数	直播间总浏览次数/次	19 472
商品点击次数	商品总点击次数/次	2 647
流量来源	来自关注	最多
	来自开播推送	最少
粉丝资产	人均观看时长/s	497.78
	观看指数	92
	粉丝浏览次数/次	16 613
	新增粉丝/个	65
商品排行	商品最高点击次数/次	885
	商品最低点击次数/次	107
	粉丝最高点击次数/次	758
	粉丝最低点击次数/次	101

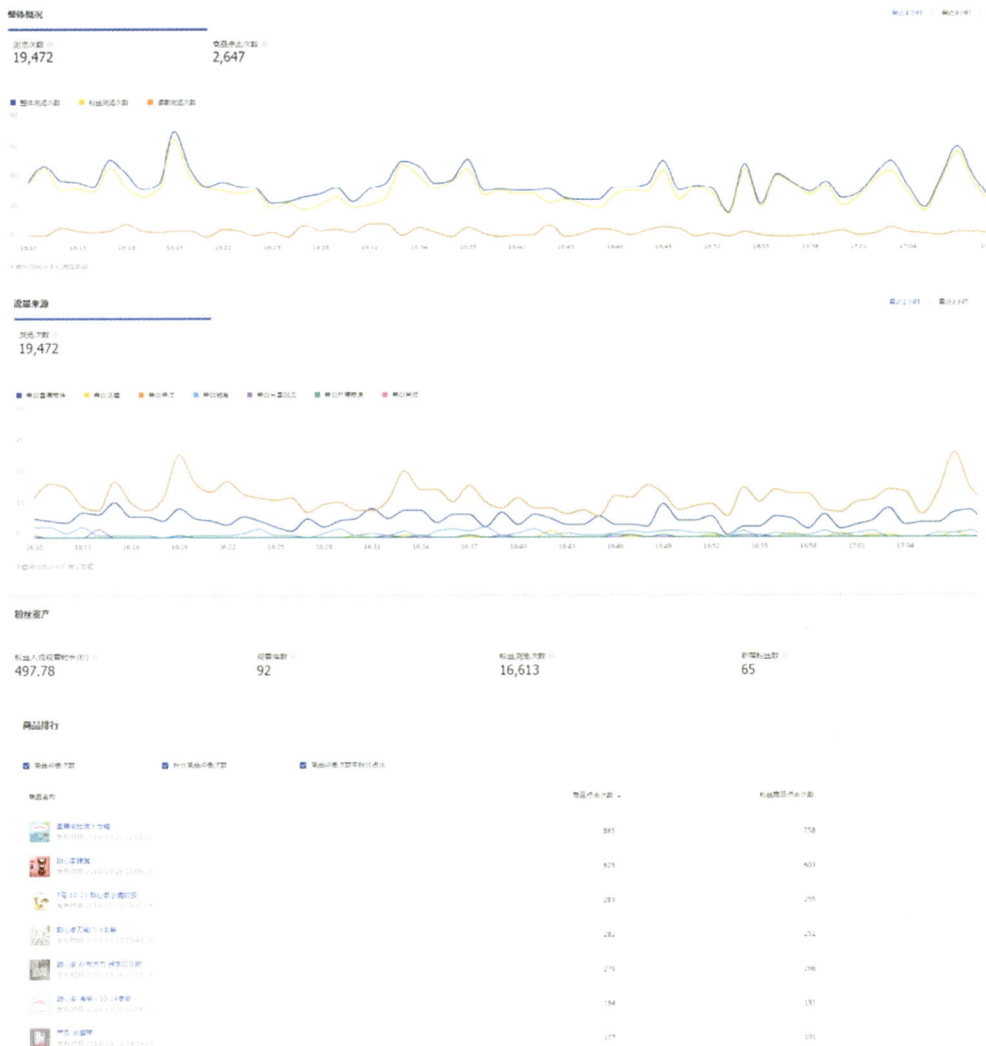

图8-3-3　数据详情图

知识窗 🔍

　　查看淘宝直播数据的方法有多种，除了登录淘宝直播PC端中控台查看之外，还可以通过移动端"淘宝主播"App查看直播大致数据和粉丝画像数据，也可以登录千牛工作台，进入"生意参谋"，进入"流量"和"内容"板块查看。

ZHISHICHUANG

试一试

通过千牛平台的"生意参谋"频道查看淘宝直播数据。

活动二　分析直播数据

　　对于商家来说，直播间浏览次数（PV）、浏览人数（UV）、直播时长、流量来源、商品销量趋势、商品排名、粉丝人均观看时长、粉丝浏览次数、新增粉丝数、客单价都是值得关注的数据。小林汇总直播数据后，就开始分析PV、UV，如图8-3-4中显示的是直播间浏览次数和浏览人数的3日变化趋势。4月22日店铺的活动力度大，从图中也可以发现，22日的直播间浏览次数（PV）和浏览人数（UV）最高，因此，店铺下次活动可以参考22日的直播来吸引粉丝，以增加直播间浏览次数和人数。

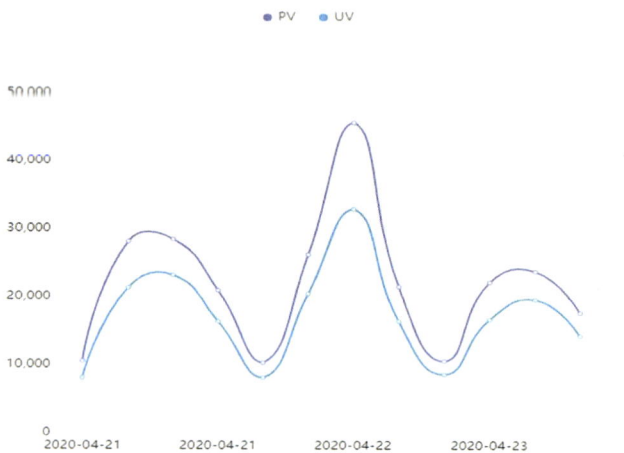

图8-3-4　直播间流量次数浏览人数趋势图

直播间每次都会上架几款或十几款商品，除了对比每款商品的销量，也应该关注单款商品的销量趋势。图8-3-5是直播间某一款商品的7日销量趋势图。从图中可以发现，4月20日该款商品到达销量顶峰，之后呈下降趋势，通过22日活动刺激，销量有所回升，但是效果不理想，因此，在23日替换该款产品。

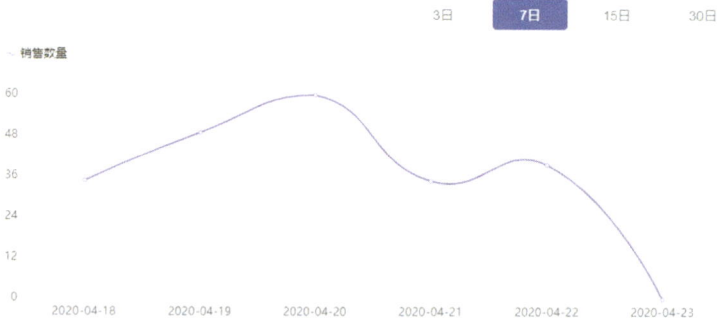

图8-3-5　商品直播销量趋势图

店铺的直播时长也需要根据直播数据来进行调整，小林对店铺四场直播的直播时长、直播间浏览次数、浏览人数进行分析，发现店铺一天直播时长7.5小时，获得最多的直播浏览次数和引导进店访客数，如图8-3-6所示。

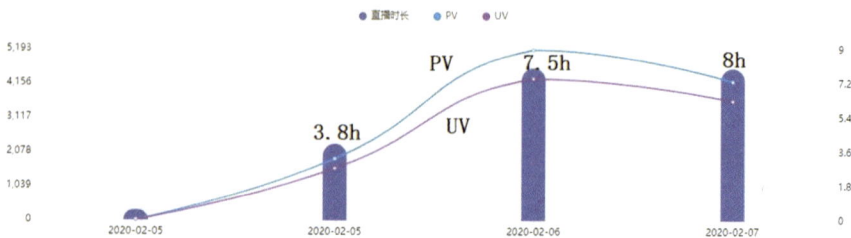

图8-3-6　直播时长影响图

做一做

计算店铺直播间三场直播的浏览次数和浏览人数的比值，然后分析原因。

◆ 项目小结

本项目了解了淘宝直播发展现状，认识了淘宝直播设备和平台大主播，熟悉了淘宝直播平台的管理规范，掌握了申请直播认证、策划直播方案、开展直播、分析和优化直播数据的方法，但是在申请直播认证和直播过程中需要注意以下几点：

①店铺需要满足一定的条件才能开通直播权限。

②应尽可能开通店铺直播浮现权，让店铺获得更多流量，从而被更多粉丝看见。

③应遵守淘宝直播平台管理规范，避免违规，不销售假冒伪劣商品，珍惜直播间的品质分数。

④使用大数据分析软件对直播数据进行分析处理，全方面了解直播间粉丝信息、商品信息，进一步提高产品的销售额度。

◆ 身边的案例

"网红县长"直播带货安化茶叶　电商助农赋能乡村振兴

安化地处武陵山区，既是"中国黑茶之乡"，也是国家扶贫开发重点县。在这个山区县，茶产业是支柱产业，但是很少通过电商渠道销售。"网红县长"陈灿平来到安化后，多次进行直播带货安化茶叶。其中一次直播带货古丈毛尖，2个小时共吸引了72万网友在线观看，销售额突破150万元。在陈灿平的带动下，安化还涌现出了"小隆女""侗族姐妹花""小陈哥"和"董小姐的茶"等一大批本土直播电商，形成了一个直播电商矩阵。

想一想：观看陈县长的直播后，你认为他的什么精神最打动你？

◆ 项目检测

一、选择题

1.直播策划方案通常由（　　）岗位负责。

A.主播　　　　　　　　B.运营组　　　　　　　　C.场控　　　　　　　　D.主播助理

2.关于直播间设备，下列说法不合适的是（　　）。

A.选择直播设备越贵越好

B.淘宝直播可以使用手机进行直播

C.柔光灯可以柔化光线、减少画面阴影

D.美食主播必须使用胸麦

3.下列行为不是直播间违规行为的是（　　）。

A.引导观众进行线下交易　　　　　　　　B.直播间出现抽烟打架画面

C.直播间经常播放电视剧　　　　　　　　D.引导观众进入淘宝店铺消费

4.下列数据能反映观众对直播间商品的喜爱程度的是（　　　　）。

A.总浏览次数　　　　　　　　　　　　B.流量来源

C.粉丝人均观看时长　　　　　　　　　D.商品点击次数

二、填空题

1.淘宝直播是阿里巴巴推出的直播平台，在____年____月开始试运营，2016年4月21号正式发布。

2.开通直播发布权限，店铺可以在_____或淘宝集市/天猫店铺首页展示。

3.直播权限分为直播发布权和_____。

4.基础设备包括_____、计算机、三脚架。

5.根据《内容创作者管理规则》，违规类型分为A类违规、_____和

_____。

6.请列举三种直播间常见违规行为：_____、_____、

_____。

7.C类违规满_____次，就会被清退创作者身份。

8.请列举四种直播间流量来源渠道：_____、_____、

_____、_____。

三、实操题

6.18即将到来，这是增加店铺人气及店铺销售额的活动时间，请根据自己店铺商品的情况，做一个直播策划方案，并提前开展直播活动，分析直播数据。

◆ 项目评价

项　目	标　准	配分/分	得分/分
走进淘宝直播间	了解淘宝直播发展现状并认识平台大主播	10	
	了解并选购直播设备	10	
	熟悉淘宝直播平台管理规范	10	
开展直播活动	成功申请直播认证	10	
	会策划直播方案	10	
	成功上传封面图、合理选择直播频道	10	
	成功上传宝贝并开播	10	
分析与优化直播数据	在直播中控台里成功获取数据	10	
	使用表格汇总数据	10	
	对多种数据进行对比分析	10	
总　分		100	

十 职业教育电子商务专业创新教材

1. 电子商务基础与实务　　5. 网店视觉营销

2. 网店装修
　（"十四五"职业教育国家规划教材）　6. 网络营销

3. 店铺运营（第二版）　　　　　　7. 网店美工
　（"十四五"职业教育国家规划教材）

4. 商品摄影与图片处理
　（"十四五"职业教育国家规划教材）

十 策划编辑／陈一柳

十 封面设计／黄俊棚

更多服务

ISBN 978-7-5689-0643-2

9 787568 906432 >

定价：49.00元